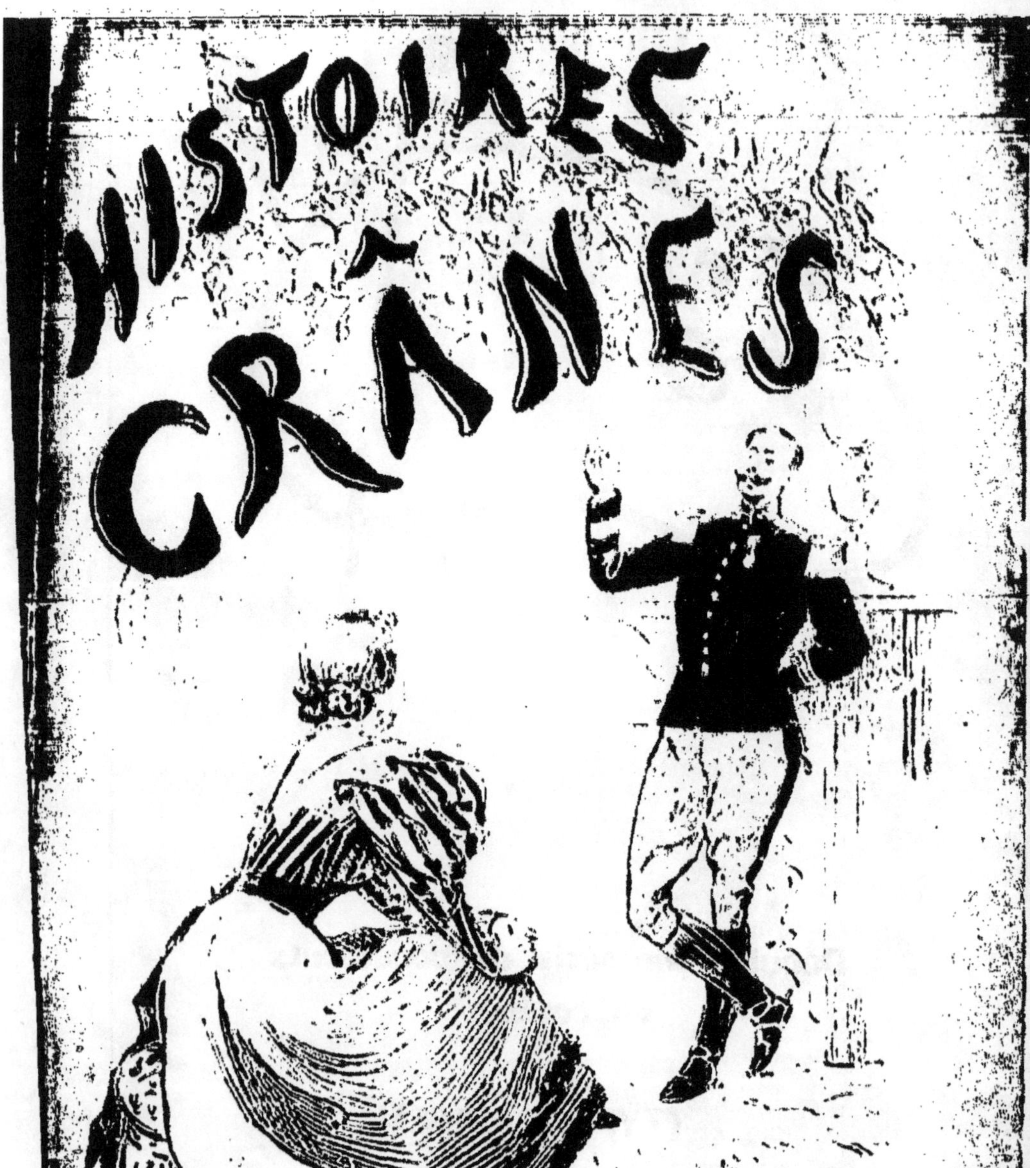
HISTOIRES
CRÂNES
PAR
RICHARD O'MONROY
(VICOMTE DE SAINT-GENIÈS)

DU MÊME AUTEUR

Format [illegible]

A [illegible]

A LA [illegible]

[illegible]

LE [illegible]

[illegible]

COUPS DE SOLEIL [illegible]

LES FEMMES DES AUTRES

[illegible] DE PAILLE

[illegible]

[illegible]

[illegible]

MONSIEUR [illegible]

LE [illegible] CAPITAL

LES PETITES [illegible]

SANS M'SIEUR LE MAIRE [illegible]

SERVICES DE NUIT

SOYONS GAIS !

TAMBOUR BATTANT

UN PEU ! BEAUCOUP ! PASSION[illegible]

PLACE AU THÉÂTRE !

Paris. — Imprimerie [illegible]

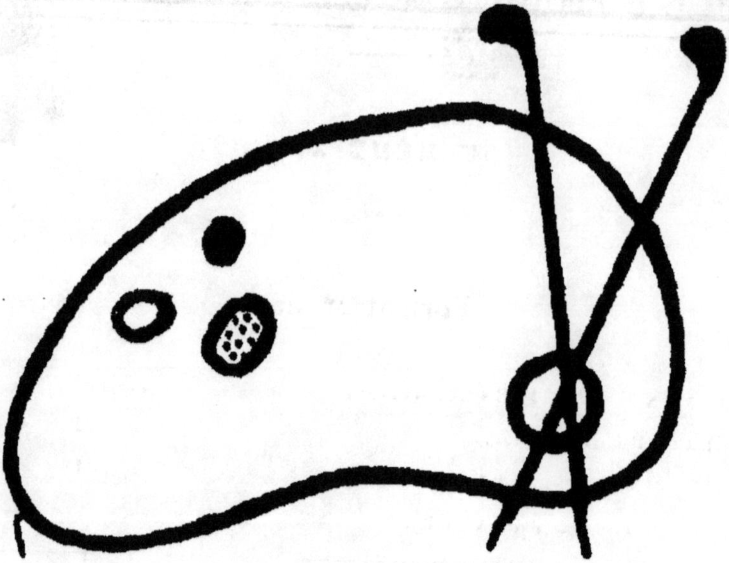

Fin d'une série de documents en couleur

(TYPOGRAPHIE)

HISTOIRES CRÂNES

CALMANN LÉVY, ÉDITEUR

DU MÊME AUTEUR

Format grand in-18.

A GRANDES GUIDES, 7e édition	1 vol.
A LA HUSSARDE! 17e édition.	1 —
LA BRUNE ET LA BLONDE, 5e édition.	1 —
LE CAPITAINE PARABÈRE, 8e édition.	1 —
LE CHIC ET LE CHÈQUE, 6e édition.	1 —
LE CLUB DES BRACONNIERS, 5e édition. . . .	1 —
COUPS DE SOLEIL, 6e édition	1 —
LES FEMMES DES AUTRES, 12e édition	1 —
FEUX DE PAILLE, 6e édition	1 —
LA FOIRE AUX CAPRICES, 9e édition	1 —
LA GRANDE FÊTE, 6e édition.	1 —
MADAME MANCHABALLE, 9e édition.	1 —
MONSIEUR MARS ET MADAME VÉNUS, 12e édit.	1 —
LE PÉCHÉ CAPITAL, 6e édition	1 —
LES PETITES MANCHABALLE, 8e édition. . . .	1 —
SANS M'SIEUR LE MAIRE, 6e édition	1 —
SERVICES DE NUIT, 6e édition	1 —
SOYONS GAIS! 5e édition	1 —
TAMBOUR BATTANT, 7e édition	1 —
UN PEU! BEAUCOUP!! PASSIONNÉMENT! 5e édit.	1 —
PLACE AU THÉATRE!, 6e édition.	1 —

IMPRIMERIE CHAIX, RUE BERGÈRE, 20, PARIS. — 19150-10-94 (Encre Lorilleux).

RICHARD O'MONROY

(VICOMTE DE SAINT-GENIÈS)

HISTOIRES CRÂNES

TROISIÈME ÉDITION

PARIS
CALMANN LÉVY, ÉDITEUR
ANCIENNE MAISON MICHEL LÉVY FRÈRES
3, RUE AUBER, 3

1895

HISTOIRES CRÂNES

LA DERNIÈRE ESCORTE

Au lieutenant-colonel Watrin.

L'autre soir, je revenais de la Renaissance, et tout en descendant les boulevards, je philosophais sur les vicissitudes auxquelles sont exposés *les Rois*, en cette fin de siècle lorsqu'à hauteur du café de la Paix, je rencontrai le lieutenant-colonel Watrin, sous les ordres duquel j'avais eu l'honneur de servir au 10e cuirassiers.

Toujours le superbe cent-garde d'autrefois à la mine fière, à la moustache retroussée, à la stature athlétique, un mètre quatre-vingt-six centimètres, s'il vous plaît; il me héla de sa bonne grosse voix, me fit asseoir à côté de lui, puis il me dit :

— Devinez d'où je viens? Du *Bœuf à la Mode*, où j'ai assisté à notre banquet annuel des cent-gardes. Savez-vous que nous sommes encore une soixantaine, tous blanchis sous le harnais, mais ayant encore bon pied, bon œil. Ah ! nous en avons remué, ce soir, des souvenirs !...

— Vous rappelez-vous, mon colonel ? Vous m'avez jadis conté à Versailles que vous aviez commandé le peloton d'escorte qui avait accompagné le Prince Impérial jusqu'à la frontière...

— Parfaitement.

— Voulez-vous me redire à nouveau ce fait de votre vie militaire ?

— Volontiers, mon cher ami, si cela peut vous intéresser ; je ne demande pas mieux que de rafraîchir votre mémoire. Donc en août 1870, j'étais lieutenant de cent-gardes et à la tête d'un peloton de la 1re compagnie. Vous savez que notre escadron était divisé en deux compagnies, chacune commandée par un capitaine et formée de deux pelotons. Les hommes étaient ainsi alignés par taille, de la droite à la gauche, le plus grand ayant un mètre quatre-vingt-seize centimètres et le plus petit un mètre quatre-vingt-deux, car on ne prenait pas au-dessous.

Nous ne devions pas partir d'abord pour la guerre, mais un bataillon de chasseurs, en passant devant l'*hôtel* de la rue de Bellechasse, nous avait lancé des sarcasmes: — « Pas de danger qu'ils aillent au feu ceux-là ! Trop beaux pour rien faire! — On a trop peur de les abîmer, etc., etc. » Bref, une députation de cent-gardes s'était rendue à Saint-Cloud pour présenter à ce sujet une pétition à l'Empereur. Celui-ci rencontra les délégués sur le pont même, et après les avoir écoutés, il leur dit, avec une profonde tristesse :

— Ah, mes pauvres enfants, vous partirez plus tôt que vous ne le croyez !...

Bref, il fut décidé que la première compagnie suivrait l'Empereur. Seulement, comme avec les nouvelles armes à longue portée, on ne voulait pas de points de mire autour du souverain, il fut décidé que nous n'emporterions pas les casques et les cuirasses comme en Italie. N'en déplaise à M. Émile Zola, qui a vu, à Sedan, reluire les cuirasses des cent-gardes. Nous partîmes en chapeau à cornes, tunique bleu de ciel avec les épaulettes et aiguillettes d'or, la culotte rouge à bande d'or, et les grandes bottes. Nos hommes avaient la giberne, le fusil et le harnachement amarante à galon jaune, laissant à Paris les schabraques galonnées d'or.

J'avais un peloton carré de trente hommes; mes sous-officiers, deux gaillards magnifiques, s'appelaient Maillot et Bernier. Je glisse rapidement sur mes premières étapes de Reims-Courcelles à Rethel. A Rethel, je passai la journée du 26 août avec Paul de Cassagnac et Robert Mitchel, tous les deux en zouaves de la garde, et je retrouvai Brincourt, notre ancien capitaine aux cent-gardes, alors chef d'escadrons au 5e cuirassiers, qui, très ému, me prit dans un coin et me serrant dans ses bras :

— Embrassons-nous, mon cher Watrin, je sens que nous ne nous reverrons plus.

... Et, en effet, deux jours après il chargeait à Beaumont, et il était tué avec le colonel et le lieutenant-colonel.

Mais revenons à l'Empereur. Il nous quitta le 27 pour se rendre vers l'Argonne, au Chêne populeux, *ce qui prouve bien que son intention était de se diriger vers Metz et non vers Sedan.* Il partit nous laissant la garde du Prince Impérial, que nous devions accompagner à Mézières. A sept heures et demie, le Prince monta en landau à deux chevaux, ayant à sa gauche le capitaine de vaisseau Duperré, et en face de lui les commandants Clary et Lamey, officiers d'ordonnance. Le Prince était en petite tenue de sous-lieutenant d'infanterie, avec la plaque de la Légion d'honneur. Les officiers d'ordonnance n'avaient pas la tenue bleu de ciel, mais la tunique noire à broderies d'argent et le pantalon écarlate à doubles bandes d'argent.

Moi, je commandais le peloton d'escorte, escorte comme on les faisait alors, et qui, soit dit en passant, avait une autre allure que celles d'aujourd'hui, où les hommes, rangés sur un rang de chaque côté de la voiture, ont l'air d'accompagner un corbillard. Nous formions une petite avant-garde, puis nos cavaliers suivaient en colonne par quatre et le chef du détachement se tenait à la portière. J'étais donc à mon poste, trottant, le sabre à la main, lorsque tout à coup le Prince se pencha et me dit avec son bon sourire :

— Monsieur Walrin, remettez donc votre sabre au fourreau et fumez votre cigarette.

Le temps était magnifique, le paysage merveilleux avec les crêtes de Poix qui se profilaient à l'horizon et, en dépit des premiers revers, nous conservions encore toute notre espérance. N'avions-nous pas encore deux armées superbes : celle de Mac-Mahon et celle de Bazaine, qui, sans doute, allaient se donner la main ? On s'arrête à Poix, on déjeune dans une auberge, et la foule massée sur la place fait au Prince l'accueil le plus enthousiaste et le plus sympathique. Et, de fait, il était impossible d'être plus charmant que ce jeune homme de quatorze ans, avec sa figure ronde, ses yeux clairs, son bon sourire et son aspect si bienveillant. On ne pouvait l'approcher sans l'adorer.

Le 28, nous partons pour Sedan, sous un orage épouvantable. Au pont des Vignes, nous rencontrons une ambulance et, immédiatement, le Prince, sautant à terre, vide son porte-monnaie entre les mains des blessés. A neuf heures du soir, grande alerte. On sonne le tocsin. On crie aux armes. Dans la nuit noire, sous une pluie battante, on selle en hâte et le bruit court que des éclaireurs ennemis ont été aperçus, sans doute avec la mission d'enlever si possible le Prince à l'aide d'un coup de main. Dans cette nuit lugubre, nous exécutons une reconnaissance ; nous n'apercevons rien, mais le commandant Clary ne trouve plus que le Prince soit en sûreté, et, dès le 29, nous partons, en toute hâte, pour Mézières.

A minuit je dormais, lorsque je reçois l'ordre du départ immédiat :

— Quand pouvez-vous être prêt ? me demande le commandant Clary très agité.

— Mon commandant, les hommes sont logés chez l'habitant, il me faudra bien au moins une heure.

— Allez, et dépêchez-vous, car j'ai la

conviction que le Prince est en danger ici.

Avec mon maréchal des logis Bernier, je vais de maison en maison, en selle, en hâte on se met en route et à deux heures du matin, nous nous embarquons, hommes et chevaux, à Charleville, dans un train à destination d'Avesnes. Le train n'avançait qu'avec la plus grande précaution et une extrême lenteur. Nous arrivons à Avesnes le 30 à cinq heures du matin. Le Prince va loger chez le président du tribunal, M. Hannoye, et moi je vais occuper à la sous-préfecture le logement préparé pour le Prince.

Là, nous passons trois jours atroces, le 30, le 31 août et le 1er septembre, ne sachant rien, n'ayant aucune nouvelle de l'Empereur. Cependant le bruit courait qu'une grande victoire avait été remportée et tout le monde conservait son moral intact. Le 2 septembre nous partons à midi pour Landrecies, où nous recevons toute la journée les ordres les plus contradictoires. On fait atteler le landau du Prince, puis on le fait dételer.

Enfin, le dimanche 4, nous partons pour Maubeuge, à sept heures et demie; c'était la suprême journée !...

Nous arrivons à Maubeuge à huit heures et demie du matin. Le maréchal des logis Bernier, qui était parti pour installer les chevaux de l'escorte dans une grande écurie située sous le théâtre, revient très troublé. Il me dit que la ville est toute en rumeur, que des affiches annoncent le désastre de Sedan, la captivité de l'Empereur et la proclamation de la République. J'ai toutes les peines du monde à calmer Bernier, qui voulait arrêter le maire, et je descends sur la place où je trouve un officier de mobiles en train de pérorer au milieu d'une populace houleuse. Les mots de *traître*, de *Badinguet*, etc., m'arrivent à l'oreille. Je fends la foule, je cueille mon moblot comme une plume, et je crie d'une voix tonnante aux manifestants ahuris : « Tant que le Prince Impérial sera ici, c'est moi qui commande ! » Et de ma propre main, sans souci des murmures, je fourre l'orateur au poste. Ah ! je vous prie de croire qu'il ne pesait pas lourd !...

Ceci fait, je vais rendre compte de ce qui se passe au commandant Clary. « Répondez-vous de vos hommes ? me demanda-t-il. — Mon commandant, il n'y en a pas un qui ne soit prêt à se faire casser la tête pour le Prince. — C'est bien ; vous resterez ici jusqu'au dernier moment pour protéger son départ qui doit rester secret. »

Le Prince était logé chez madame Marchand veuve de l'ancien député. Je prends en personne la faction devant la porte et j'attends les événements. A deux heures, je vois arriver deux hommes de la police d'Hirvoix, apportant des ballots d'effets civils; pendant ce temps, on avait fait avancer dans la cour intérieure de madame Marchand, un espèce de break-omnibus très simple. A trois heures, le Prince descend en bourgeois, coiffé d'un melon, avec une jaquette bleue, et accompagné du capitaine de vaisseau Duperré également en bourgeois. Madame Marchand se précipite vers le Prince :

— Quel malheur, monseigneur, quel malheur !

Le Prince se retourne très calme :

— Mais madame, rassurez-vous, je ne pars pas, je vais revenir.

Il monte, tandis que je me tenais debout près de la portière ; une fois assis, il me regarde, nos yeux se rencontrent, et il voit que, malgré tous mes efforts, une grosse larme roule sur ma moustache. Alors, il n'y tient plus, il saute en bas de la voiture, et me dit en m'embrassant : « Allons, du courage ! Adieu, Watrin !...

Il me serre dans ses bras de toutes ses forces, se meurtrissant la poitrine contre mes aiguillettes, que j'ai depuis conservées comme des reliques. Puis, la voiture s'éloigne, derrière, par les jardins, pour gagner la frontière. C'était fini !

En dépit de notre douleur, il fallait continuer de donner le change à la foule. Le soir, à six heures et demie, je revins ostensiblement en grande tenue de service, pantalon et bottes vernies, prendre part au dîner préparé et servi par le valet de chambre de la Maison Impériale. Je reçus le docteur Augé, envoyé par l'Empereur à la recherche du Prince, et, le 5 septembre, je revenais avec mes hommes à Paris, où je rentrai par la rue Lafayette et les Champs-Élysées — au grand trot — il y avait des raisons pour ça.

Voilà, mon cher ami, ce que je vous avais jadis conté à Versailles. Sur ce, dormez bien. Moi, ces souvenirs ne me valent rien.

...Et, tandis que la silhouette gigantesque

du colonel s'éloignait sur les boulevards et disparaissait dans la nuit, je ne pus m'empêcher de songer qu'il y aurait là un chapitre à ajouter aux *Rois*, tels que les ont représentés Daudet et Jules Lemaître.

LE FOURGON

Au commandant Poitevin.

En fouillant dans des vieux papiers, j'ai retrouvé une photographie qui m'a donné un coup, vous savez ce choc qu'on ressent au cœur lorsque, grâce à un souvenir brusquement évoqué, on revoit tout à coup une minute de son existence.

Je suis représenté en sous-lieutenant de dragons, avec un galon d'or et un collet blanc rajouté à une tunique de Saint-Cyr. On ne nous avait pas laissé le temps de nous commander une tenue. L'épreuve a été tirée en septembre 1870, à Metz, à l'hôtel du *Faisan d'Argent*. Chargé, comme plus jeune, de la popotte, j'ai sous le bras deux bouteilles de vin, à la main un chat destiné à faire une succulente gibelotte et, dans les dents, une rose donnée par la femme d'un confiseur chez laquelle nous achetions des dragées, faute de sucre, pour notre café. Me voyant ainsi accoutré, un de mes camarades, lieutenant d'état-major, avait trouvé drôle de prendre mon instantané.

Et en retrouvant cette épreuve informe, j'ai tout à coup revu mes vingt ans, les événements du siège, nos combats de Borny, de Gravelotte, de Saint-Privas, notre camp près de la porte Mazelle, la vieille cité lorraine, la cathédrale, la statue de Fabert, l'île Chambière, le Ban Saint-Martin et les rues où l'on se dirigeait à tâtons, aussitôt la nuit venue, dans une obscurité complète.

C'est dans ces rues pavoisées et enguirlandées, que Guillaume II a fait son entrée, au son des cloches, à la tête du seizième corps, ayant à ses côtés le prince de Naples, et suivi des princes allemands. Il a défilé sur la grande place devant le monument élevé à Guillaume Ier. Eh bien ! qu'il me soit permis de raconter ce qui se passa sur cette même place il y a aujourd'hui vingt-trois ans. Tel, jadis dans Rome, l'esclave vaincu rappelait à la modestie le triomphateur antique.

C'était vers la fin de septembre. Depuis le combat de Servigny l'on n'exécutait plus que de simples reconnaissances, et l'armée, immobile dans ses cantonnements, rongeait son frein. Le temps devenait mauvais et chaque jour nos piquets de tente enfonçaient un peu plus avant dans la boue. Quant aux chevaux, attachés à l'entrave, ils étaient d'une maigreur effrayante, ils tombaient par centaines et l'abattoir n'en voulait plus.

C'est alors qu'on apprit qu'un convoi considérable, appartenant à l'ennemi, était en gare de Courcelles-les-Metz.

M. Dietz, ingénieur en chef du chemin de fer de l'Est, conçut l'entreprise hardie d'aller enlever ce convoi et de le ramener dans nos lignes.

Courcelles est à dix kilomètres de Metz; la partie de l'opération qui avait pour but de chasser l'ennemi de ses positions fut confiée au général Lapasset, à la tête de sa brigade, tandis que les dragons de la division Clérambault devaient se diriger rapidement sur Peltre et Mercy, afin de s'emparer du convoi.

L'opération réussit brillamment, et, le 27 au soir, un nombre considérable de fourgons pris à l'ennemi étaient parqués sur la Grand'Place. La joie relative qu'avait fait naître ce petit succès faisait plaisir à voir; les soldats du 90e, couverts de poussière, gardaient les fourrages tout en devisant gaiement, tandis qu'avec mes dragons j'avais mis pied à terre devant une lourde voiture prise par nous dans le village de Mercy; avec l'officier prussien qui l'accompagnait, un superbe gaillard à barbe rousse, la casquette galonnée de jaune, enfoncée sur les yeux, le torse moulé dans une espèce de longue capote à plastron qui bombait sur la poitrine.

Les étriers déchaussés, les jambes pendantes sur sa monture, il attendait philosophiquement les événements en fumant sa pipe de porcelaine.

Tout à coup, le général Clérambault, qui causait avec le colonel Cornat, du 4ᵉ dragons, aperçut l'officier allemand, et s'avançant vers lui :

— Voudriez-vous nous dire, monsieur, ce que contient la voiture que vous escortiez?

L'Allemand interpellé fit le salut militaire en portant horizontalement la main au turban jaune, puis il répondit en très bon français, mais avec un fort accent tudesque :

— Mon cheneral, cette foiture gondient des obchets qui sont ma brobriété bardiculière.

— Quels objets ? Des armes, des équipements ?

— Oh ! bas du tout, mon cheneral, de zimples obchets de... ménache, sans aucune faleur.

— Comment des objets de ménage ? Vous voyagez avec vos meubles en temps de guerre ?

— Che vais fous dire, mon cheneral, continua l'officier après une seconde d'hésitation... C'est ma bart de butin... Après la brise du château de Grégy, mais che fous repete, ça n'a aucune faleur, et le blus simple, c'est de ne pas oufrir le fourgon qui ne gondient ni armes, ni fivres, ni fourraches.

— Comment donc, mais au contraire nous tenons beaucoup à savoir ce qu'il y a dans votre carriole.

— Oui, nous sommes très curieux, ajouta le colonel Cornat en effilant sa moustache toujours soigneusement cirée. Dragons, déchargez-moi immédiatement cette voiture.

Quatre dragons de mon peloton s'avancèrent, tandis que les autres soldats du convoi, attirés comme de grands enfants par le désir de savoir, se bousculaient sur la place et faisaient le cercle autour de nous; deux artilleurs, debout sur les brancards, éclairaient le tableau avec des lanternes d'écurie. Quant à l'officier allemand, il paraissait très décontenancé, et avait voulu s'éloigner de la voiture, disant que cette opération ne le regardait pas.

— Pardon, pardon, reprit le général Clérambault, bien arqué sur ses petites jambes, vous nous avez dit que les objets étaient votre propriété particulière. Nous tenons donc essentiellement à ce que vous assistiez au déballage qui aura lieu sous votre contrôle.

Alors, nous assistâmes à un spectacle vraiment extraordinaire. Nos hommes avaient enlevé la bâche ainsi que le couvercle qui fermait la voiture, et sortaient un à un les objets qu'ils jetaient à terre au milieu des acclamations et des quolibets des soldats assemblés. C'est ainsi que nous aperçûmes successivement des ombrelles, des miroirs, des fauteuils, des billes de billard, un cartel, une chaufferette, puis des rideaux d'une longueur invraisemblable et qui n'en finissaient pas de se dérouler en dehors d'une espèce de cantine. A chaque nouvelle découverte, les éclats de rire partaient de plus belle, et malgré moi, je me rappelais la scène du prestidigitateur faisant sortir de l'inépuisable fond d'un chapeau les surprises les plus inattendues.

Les dragons employés au déchargement étaient parfois obligés de s'arrêter, tellement ils s'esclaffaient avec des bouches immenses, qui, sous la barbe drue et inculte, s'ouvraient jusqu'aux oreilles. Mais où la joie fut à son comble, c'est lorsqu'un de mes hommes, nommé Filastre, tira du fond du fameux coffre une layette complète avec des petits bonnets brodés et des langes d'enfant.

Pour le coup, l'hilarité gagna jusqu'au général et jusqu'au colonel, qui n'avaient pourtant pas, d'ordinaire, des raisons pour être bien gais, et le colonel Cornat, ne pouvant tenir son sérieux, dit à l'officier allemand :

— Voyons, monsieur, entre nous. Je comprends encore les rideaux, le cartel et même, à la rigueur, les billes de billard ; mais, franchement, dites-moi, pourquoi diable avez-vous pris cette layette ?

Tandis que tous les soldats goguenards, l'oreille tendue, attendaient la réponse, l'officier allemand, très rouge, balbutia :

— Mon cheneral, che foulais raborder ça à ma fiancée, à Kœnigsberg... comme un gage d'amour.

Et le général Clérambault de riposter immédiatement :

— Eh bien ! et la chaufferette ? Vous ne comptez donc pas la chaufferette ? Il me semble, monsieur, que la chaufferette suffisait très bien comme gage d'amour.

LA PLUIE

— Alors, il ne pleuvra pas encore aujourd'hui! disait Grangeneuve en consultant, sur la terrasse du cercle, l'horizon dans la direction du pont de la Concorde où s'élevait une poussière intense.

— C'est peut-être mauvais pour l'agriculture, mais c'est bien agréable pour les parties au *Polo-Club*, fit observer l'égoïste Chamarande, et, ma foi, depuis que je ne suis plus militaire, je ne dis plus comme jadis : « Pompez, Seigneur, pour les biens de la terre et le repos du soldat. »

— Tiens, ça me rappelle une de mes aventures de garnison, dit le colonel Dartois. Voulez-vous l'écouter en fumant votre cigare ?

— Comment donc, colonel, comment donc !...

On rapprocha les chaises en fer de la petite table où les valets de pied avaient servi le café dans le jardin, et le colonel commença :

— Il faut vous dire, messieurs, que, dans ce temps-là, je n'étais pas le colonel poivre et sel d'aujourd'hui ; cela peut vous paraître extraordinaire, mais j'ai été capitaine, avec cinquante-six de tour de taille et j'ai eu la moustache blond doré...

— Dites rousse, rectifia le général Rubas du Rampard.

— Si vous voulez, mon général. Donc, je commandais une batterie à Châlons-sur-Marne, et j'avais l'honneur, du samedi au lundi, d'être l'amant de mademoiselle

Blanche de Nesles, une très jolie femme, qui, depuis... mais, alors, elle avait vingt-quatre ans et révolutionnait le tour du Lac par son huit-ressorts à caisse tête-de-nègre. En général, je prenais le train le samedi à trois heures. J'arrivais à la gare de l'Est à six heures. Je dînais au cabaret. Je passais une nuit paradisiaque; le dimanche, j'allais avec ma bien-aimée aux courses et, le soir, je recevais au cercle un télégramme de Chambenoit, mon maréchal des logis chef, contenant un extrait de la décision dominicale. Alors, de deux choses l'une : ou y il avait manœuvre le matin, et je reprenais le train de minuit vingt-cinq arrivant à Châlons à quatre heures du matin, ou bien il n'y avait pas manœuvre et, alors, ô joie! je passais une seconde nuit avec Blanche et repartais tranquillement pour Châlons, comme un bon bourgeois, par le train de neuf heures, le lundi matin.

Ah! messieurs, vous qui avez la chance

d'être libres, de posséder vos maîtresses quand vous voulez, et autant que vous le voulez, j'ajouterais même autant que vous le pouvez, vous ne sauriez comprendre avec quel frémissement d'impatience, avec quelle angoisse presque ridicule j'attendais ce petit chiffon de papier bleu qui m'envoyait ou sur la route du plaisir ou sur celle du devoir!

Ces deux nuits-là, voyez-vous, c'était mon unique pensée pendant toute ma semaine de labeur; c'est grâce à elle que je pouvais supporter, sans mourir d'ennui, l'existence pendant six longs jours dans Châlons, cette horrible ville de province, où n'existe même pas le moindre théâtre, le plus infime beuglant pour passer sa soirée. Quand on veut se distraire un brin, il faut aller à Reims! C'est Blanche de Nesles que j'apercevais dans mon imagination, lorsque, couvert de sueur et de poussière, la gorge sèche, aphone à force d'avoir hurlé des commandements au milieu du fracas des roues, je mettais mes pièces en batterie.

Je comptais, comme les collégiens; je me disais : plus que quatre jours, plus que trois jours, plus que deux jours, avant d'aller réembrasser ma maîtresse; et le samedi, le roi n'était pas mon cousin. Le colonel n'était pas très partisan de ces exodes en masse vers Paris à la fin de la semaine; il fallait parfois ruser; d'ailleurs, sous prétexte qu'il était mon cousin, il se croyait obligé de me traiter avec une rigueur particulière. Ce sentiment peut vous paraître étrange, mais il est tout ce qu'il y a de plus militaire.

Très souvent, pour nous empêcher de partir, notre chef organisait, le samedi soir, quelque joli punch, quelque réception de corps, ou encore inventait une petite revue du matériel, le dimanche à l'aube. Dans ce cas-là, je ne pouvais partir que dans la matinée, et vous pensez si j'attendais avec d'autant plus d'impatience à Paris la dépêche du maréchal des logis chef.

Précisément, ce dimanche-là, le colonel avait éprouvé le besoin de se faire présenter à sept heures, les couvertures des chevaux. Drôle d'idée! A huit heures et demie, tout était fini, et je mettais le cap sur la gare, où mon ordonnance m'y avait précédé avec mes habits bourgeois. Les premiers temps, je m'habillais au buffet, derrière les boites à biscuits; mais depuis que j'avais été aperçu en bannière, par une miss anglaise, pendant le court intervalle où j'avais enlevé le pantalon à bande rouge, sans avoir encore passé le pantalon à carreaux, le buffetier, par crainte de scandale, avait préféré mettre une chambre à ma disposition.

Donc, arrivé en capitaine d'artillerie, je venais de reparaître sur le quai en petit complet gris havane — vous savez, une de ces nuances neutres qui n'attirent pas l'attention et se confondent avec la couleur du drap des wagons, — lorsque je me heurtai à mon colonel qui causait avec la marchande de journaux. Je ne voudrais pas être méchante langue, mais enfin mon colonel causait beaucoup avec la marchande de journaux.

En m'apercevant il sourit sous sa moustache blanche — oh ! ce sourire ! — il me dit :

— Tiens, tiens, capitaine, vous allez encore à Paris?

— Non, mon colonel. Si j'allais à Paris, je vous en eusse demandé la permission. Je vais déjeuner à Reims.

... Mon Dieu, ce que je disais là n'était pas tout à fait inexact. J'allais en effet déjeuner à Reims... mais de là je partais pour Paris par le train de trois heures. Il y avait donc dans ma réponse du vrai et du faux.

— Eh bien, alors, mon ami, bon appétit et bien du plaisir.

— Merci, mon colonel.

Donc, à cinq heures seulement, j'arrive à Paris. Je tombe dans les bras de Blanche qui, la chère fille, était venue me chercher à la gare pour me voir plus vite. Je lui raconte tous les obstacles, le punch, la revue des couvertures, la rencontre du grand chef. Que d'épreuves, mon Dieu, que d'épreuves!...

— Et ce soir, me dit-elle les yeux brillants, je compte bien, mon pauvre chéri, que tu me restes, ce soir?

— Je l'espère, ma Blanchette chérie; sans cela je chanterais comme la Périchole :

Mais vraiment la misère est trop dure,
Et nous avons trop de malheurs.

Nous rentrons un moment à la maison — dame, après six jours, j'avais tant de choses à lui raconter! — puis en allant dîner aux Ambassadeurs nous passons au cercle. Pas de dépêche!

— Pas de nouvelle, bonne nouvelle! crie Blanche.

Heu! Heu!... moi j'aurais mieux aimé un télégramme disant: « Pas de manœuvre »; pourtant le fidèle Chambenoit aurait certainement télégraphié s'il y avait quelque chose. Nous partons aux Variétés, et en rentrant, pris par je ne sais quel fâcheux pressentiment, je repasse avec la voiture au cercle.

— Monsieur Dartois, me dit le concierge, voici une dépêche que l'on a oublié de monter ce soir à la caisse.

Enfin! Je saute sur le petit bleu; il y avait : *Demain à cheval à six heures.*

Patratras! Et il était une heure du matin. Aucun train pour arriver en temps à Châlons.

Tout de suite j'entrevis l'horreur de ma situation, le mensonge fait au colonel, les arrêts inévitables.

— Est-ce qu'il y a un bureau télégraphique ouvert toute la nuit? demandai-je au concierge.

— Oui, monsieur, celui de la Bourse.

Je dis à Blanche de rentrer chez elle avec la voiture; j'aimais mieux être seul pour réfléchir, et je m'en vais à la Bourse. Là, j'envoie au lieutenant-colonel, qui était mon ami, une dépêche de *neuf francs*, dans laquelle j'essayai de lui expliquer en langage petit nègre et passablement incohérent, vu mon trouble, ce qui m'était arrivé : « Dit colonel aller Reims, pas Paris. Été cependant Paris après Reims, etc., etc. »

Je sors du bureau. Un orage diluvien, une pluie torrentielle, et pas de voiture. Quand on se met à être dans le malheur... J'arrive chez Blanche trempé comme une soupe, et triste comme tout. Ah, la fichue nuit! « Grande bête, me disait ma maîtresse, profite donc de ce que tu es là! » Elle avait raison. J'essayai de profiter, mais le cœur n'était pas à la joie, et la pluie tombait toujours! A neuf heures, très penaud, je reprends le train, et j'arrive à Châlons à midi.

— Eh bien, dis-je à mon ordonnance, l'adjudant est venu avec sa giberne?

Quand l'adjudant vient avec sa giberne, c'est qu'il apporte des arrêts.

— Oui, mon capitaine, il est venu à cinq heures et demie décommander votre cheval, à cause de la pluie. *Il n'y a pas eu manœuvre ce matin.*

Sauvé! J'étais sauvé par cette bienheureuse pluie que j'avais cependant maudite la veille. Le soir, j'ai rencontré au cercle, le lieutenant-colonel :

— Ah çà, mon cher, m'a-t-il dit, qu'est-ce que c'est que cette sacrée dépêche que vous m'avez envoyée? Du diable si j'y ai compris quelque chose.

PREMIER GALON

La semaine dernière, à peine la diane avait-elle retenti sur le Grand-Carré qu'un cri formidable s'éleva dans le dortoir de Balaklava, se mêlant aux roulements du tambour :

— *Pékin de bahut! Pékin de bahut!!*

C'était, en effet, la dernière nuit que les Saints-Cyriens de la promotion du Dahomey passaient dans l'École fondée par madame de Maintenon.

L'astic fut rapide; la veille, on avait rendu les équipements et le grand sabre de cavalerie qui, jadis, avait fait tant plaisir. A quoi bon faire un lit dans lequel on ne couchera plus? Comme ses camarades, Jacques Noirmont empila quelques effets dans le porte-manteau dont les deux extrémités furent réunies par une courroie de charge; puis, le shako empanaché de blanc et de rose, il descendit dans la cour Wagram pour passer une dernière fois l'inspection du capitaine Péchard, un fantassin qui n'aime pas ces poseurs de cavaliers. On forma le cercle, un immense cercle, autour du général, y allant de son dernier *laïus*. Par-dessus les épaulettes rouges de tous ces Cyrards, se haussant sur leurs pointes pour mieux entendre, arrivaient des bribes de phrases prononcées d'une voix mâle et sonore :

« ... Vous entrez dans la carrière... Amusez-vous beaucoup, mais amusez-vous honnêtement... Tenue... discipline... amour du drapeau... Et rappelez-vous une chose, messieurs, c'est qu'il faut avoir du poil, encore du poil, et toujours du poil!... »

Comme les autres, Jacques applaudit à tout rompre cette péroraison soldatesque, puis à nouveau une formidable clameur de : « Pékin de bahut », ébranla les vitres, et la colonne se mit en marche vers la gare, en chantant la Saint-Cyrienne :

Noble galette, que ton nom
Soit immortel dans notre histoire,
Qu'elle rappelle à tous la gloire
Du premier bataillon.

Avec quelle joie on grimpait ce petit raidillon si souvent franchi le dimanche ! Les pantalons garances à bande bleue faisaient, sous le beau soleil, comme un champ de bleuets et de coquelicots, qui aurait tout à coup surgi sur les flancs du plateau de Versailles — ce sale plateau de Versailles ! Et, parfois, de cette masse en marche, surgissait encore le cri : « Pékin de bahut ! »

comme le refrain, le *Leitmotiv*, de cette ascension triomphale.

Arrivé sur le sommet de la colline, Jacques se retourna pour jeter un dernier regard à ces bâtiments rectangulaires, au milieu desquels s'étaient écoulées, pas trop mal, ma foi, deux années de jeunesse. Le drapeau tricolore flottait au-dessus de l'horloge qui avait sonné tant d'heures d'*amphi*, de *forti*, de théories et de *colles* diverses. Au loin, par les fenêtres grillées de l'infirmerie, on apercevait, se profilant dans l'ombre, les coiffes blanches des bonnes sœurs. — Adieu, sœur Rosalie! — Adieu, sœur Peaufine! — Adieu, sœur Cornard!

L'officier *de jour* avait accompagné la colonne jusqu'au chemin de fer. Débordé par cette joie tumultueuse, il se contentait de dire en souriant sous sa moustache :

— Messieurs, un peu de tenue, que diable! Sans cela vous m'obligeriez à vous mettre *aux arrêts*.

Aux arrêts! Ce mot-là résonnait délicieusement à l'oreille; il avait comme un parfum de poudre à la Maréchale; alors que la veille encore, simple soldat, on était menacé du *clou* ou de *l'ours* — horribles mots! — Maintenant on ne risquait plus que les *arrêts* comme un officier de la cour de Versailles. Au milieu d'un tohu-bohu indescriptible, Noirmont s'empila huitième dans un *Crampton*, puis un coup de sifflet retentit et le train se mit en marche tandis qu'à toutes les portières apparaissaient des têtes jeunes, rasées, épanouies, criant une dernière fois en guise de salut à la vieille caserne : « Pékin de bahut! »

Et le train filait, filait, direction Paris, et Jacques se sentait tout attendri, comprenant qu'il entrait dans une nouvelle phase de son existence. L'air semblait plus pur, le ciel plus léger; certainement il n'avait jamais fait aussi beau depuis deux ans.

A la gare Montparnasse, accolade fraternelle

donnée aux copains de la line 8e compagnie. Où et quand se reverra-t-on? Peut-être dans quelque chevauchée, dans quelque charge irrésistible, là-bas vers la frontière de l'Est... ou même du Sud-Est. Qui sait? Allons, une dernière poignée de main aux camarades, et en fiacre pour aller embrasser la chère maman.

Et tout à coup, une idée surgit dans le cerveau de Jacques : Pourvu que mon uniforme soit arrivé à la maison! Le tailleur l'a bien promis, mais aura-t-il tenu parole? O joie! Il est posé sur le lit. La maman a été le chercher elle-même la veille. Il est là, étincelant, flambant neuf sur le couvre-pied vieil or. Voici le dolman bleu de ciel avec tresses de soie; sur les manches larges s'élève le grade en hongroise, une hongroise large d'un centimètre. Quand on prend du galon... et puis, il faut bien compenser le nombre par l'épaisseur. Voici le pantalon satiné à double bande, le haut képi décalitre, galonné d'argent, le sabre d'acier à la poignée étincelante, orné de la fine dragonne; voici les bottines vernies avec les éperons d'acier, les gants blancs en peau de chien glacé.

Immédiatement, la transformation a lieu. Arrière la tunique de drap sombre, la chemise en grosse toile de soldat, le shako si lourd et les demi-bottes à tige matriculée. Du coup, la chrysalide est devenue papillon. Jacques Noirmont se regarda dans la glace, le képi sur la tête, la main gauche appuyée sur la garde du sabre retenu par une gourmette d'acier... et malgré toute sa modestie, il ne put s'empêcher de se trouver tout à fait bien.

— Eh bien, maman, suis-je à ton goût?

— Tu es irrésistible! s'écrie madame Noirmont avec enthousiasme. Ah! si ton pauvre père pouvait te voir...

— Maintenant, tu permets, je voudrais bien savoir quel effet je produis dehors.

— Va, mon enfant, va. N'es-tu pas ton

maître, maintenant? n'es-tu pas officier? Tu n'as plus de permission à demander.

Jacques ne se le fit pas dire deux fois, et dégringolant l'escalier passe fièrement sous la voûte, en jouissant de la stupéfaction de son concierge qui ne s'attendait pas à cette métamorphose subite. Où ira-t-il? Dans un quartier où il y ait beaucoup de factionnaires. Réflexion faite, il choisit le faubourg Saint-Honoré avec l'Élysée et le ministère de l'intérieur. Quelle ivresse folle, lorsqu'en arrivant place Beauvau, à dix pas de la sentinelle, il la voit s'arrêter net, face à lui, réunir les talons d'un mouvement automatique et lui *rendre les honneurs* en lui portant les armes avec un petit bruit métallique. Deux marmitons, leur manne sur la tête, se sont arrêtés pour regarder ce beau spectacle, et Jacques passe en saluant simplement, comme un vieux guerrier blasé sur ce genre de satisfaction, mais avec un cœur qui bondit d'orgueil sous son dolman.

Devant le palais, la scène recommence. Puis rue Royale, c'est un petit soldat d'infanterie de marine qui, distrait sans doute, n'a pas salué.

— Donnez-moi votre numéro! s'écrie Noirmont furieux en arrêtant le petit pioupiou, tout ahuri, par le bouton de sa vareuse.

— Excusez-moi, *mon lieutenant*, excusez-moi, je ne vous avais pas vu...

Bah! Le lieutenant sera indulgent pour cette fois, et il s'en va, fendant la foule qui applaudit à cet acte de longanimité. Le soleil baisse, la nuit arrive. Il faut songer à dîner sur les boulevards. Et il choisit une petite table, sur la terrasse, bien en vue, de manière à continuer à saluer pendant tout le dîner. Une bonne bouteille de chambertin dans le coffre, un gros cigare aux lèvres, et il part sur les boulevards, d'un pas lent, en faisant sonner ses éperons sur le bitume.

A hauteur de la rue Vivienne, une

femme passe, assez jolie sous sa grande capeline à dentelle retombante. En passant, elle jette un tel regard à Jacques que celui-ci n'hésite pas à suivre, en se murmurant à lui-même : — Allons, ça n'aura pas été long; voilà les succès qui commencent.

On arrive dans un petit entresol assez coquet. La chambre à coucher est toute tendue de satin-mousse. La femme a reparu très suggestive dans sa chemisette décolletée en carré, retenue sur ses épaules par deux petits nœuds mauves.

— Allons, mon beau chéri, dit-elle en lui jetant ses deux bras autour du cou, fais comme moi; enlève tout cela.

Mais Jacques reprend en rougissant avec une nuance d'embarras :

— Dites donc, mademoiselle, si ça vous était égal... j'aimerais bien conserver mon uniforme.

A L'IMPROVISTE

Cette nuit-là, le général Desthières, récemment promu à cette belle brigade de cavalerie, dont un des régiments est à Paris et l'autre à Versailles, dormait fort mal. Était-il troublé par la jambe de mademoiselle Capricanti, aperçue la veille au soir, dans un ballet des Folies-Bergère? Était-il hanté par des rêves d'amour ou de gloire?

Non, il se disait tout simplement ceci : « Mon régiment de Paris, je le vois tous les jours, c'est parfait; mais mon régiment de Versailles... Il est précisément commandé par le colonel Dupitray, mon camarade de promotion, un brave homme qui a eu moins de chance que moi. Il est vrai qu'à Saint-Cyr il était un peu flemmard, ce brave Dupitray. Décidément il faudra que j'aille voir son régiment, à l'improviste. Au fait, puisque je ne dors pas, pourquoi pas ce matin ? »

Il alluma une bougie et vit qu'il était près de quatre heures.

— Allons, c'est décidé. J'ai juste le temps d'arriver au moment où commencent les exercices, après le réveil.

Il sonna son ordonnance Perdriol, qui apparut quelques minutes après, avec les yeux tout bouffis de sommeil, et lui ordonna de seller immédiatement la jument de pur-sang *Capucine;* lui, il suivrait sur *Nélusko*, le cheval d'armes.

Je ne sais pas ce que pensa l'ordonnance ainsi dérangé en pleine nuit, mais avec cette discipline qui est précisément la force des armées, il répondit simplement :

— Bien, mon général.

Et tout en bâillant d'une manière lamentable, il descendit seller aux écuries.

Une demi-heure après, le général Desthières, rasé de frais, la moustache en croc, le torse moulé dans le dolman à brandebourgs noirs, sautait sur Capucine sans l'aide de l'étrier, en faisant un rétablissement sur les deux poignets, et partait au petit trot suivi à vingt pas par Perdriol.

Dans la nuit noire, il traversa ainsi le pont d'Iéna, Billancourt, prit le pas pour la montée de Sèvres, et se remit ensuite au grand trot tout le long de l'interminable route de Versailles. Il faisait un petit vent un peu humide ; çà et là quelques fenêtres commençaient à s'allumer dans la campagne endormie. A Viroflay, la forge flambait comme une fournaise, et devant la forge, les maréchaux apparaissaient comme des êtres fantastiques.

Et tout en trottant, le général philosophait. Évidemment, à cette heure crépusculaire, il serait plus agréablement dans son lit, mais il n'aurait pas l'âpre satisfaction que donne l'accomplissement d'un devoir. Toujours il avait ainsi divisé sa vie en deux parts : le travail et le plaisir, le premier étant pour ainsi dire l'excuse et le piment du second. Jusqu'au dîner, il était le militaire ardent, fanatique, convaincu, dont tout le temps était dû à la patrie. Le soir, il endossait le frac; rejoignait les camarades du club et s'écriait gaiement : A demain les affaires sérieuses! Cette existence en partie double n'était pas sans charme, et permettait d'être toujours prêt à tout, avec le corps aussi entraîné que l'esprit.

Cependant, il arrivait près des grilles de Versailles. Un employé de l'octroi approcha avec sa lanterne, et reconnaissant le képi brodé à feuilles de chêne, s'empressa de s'effacer en saluant. Desthières enfila toute l'avenue de Paris, tourna à gauche dans la rue Royale, traversa l'avenue de Sceaux et s'arrêta devant le quartier.

Immédiatement, sur l'appel de la sentinelle toute ahurie de voir arriver le général à pareille heure, le poste s'agita et sortit avec un grand bruit de fourreaux de sabres traînant sur les pavés de la voûte. Puis l'adjudant de semaine accourut en boutonnant sa tunique en hâte, tandis que Desthières sautait lestement à terre.

— Donnez des ordres pour qu'on bouchonne vigoureusement ces deux chevaux, et faites-moi demander le colonel.

Puis il entra dans la salle du rapport et s'assit devant le poêle, attendant.

Pendant ce temps, le colonel Dupitray, prévenu de l'arrivée du général, se levait. Je ne pourrais pas dire qu'il ne jurait pas *in petto* : « Que le bon Dieu le patafiole ! » Mais comme il était seul dans sa chambre, cette exclamation le soulageait un brin sans être en rien attentatoire à cette discipline qui — je l'ai déjà dit — fait la force des armées. Très gros, un peu apoplectique, il soufflait en tirant sur ses bottes, et en croisant les tresses d'une chaude pelisse devenue un peu étroite du ventre. Enfin, il prit le stick qui doit compléter la tenue d'un bon colonel de cavalerie, même lorsqu'il n'a nullement l'intention de monter à cheval, et d'un pas un peu lourd il se rendit tout en maugréant, au quartier.

Dès la porte il prit l'air souriant et ravi que doit avoir tout inférieur recevant la visite inopinée de son chef, et tendant les deux mains à son vieux camarade Desthières :

— Ah, te voilà, mon général ! C'est gentil de venir me voir à Versailles. Tu viens déjeuner avec moi ? Parfait.

— Je ne sais pas si je pourrais rester à déjeuner, répondit le général beaucoup moins expansif, c'est une question que nous déciderons plus tard, mais auparavant je voudrais bien que tu me fasses voir un peu ton régiment.

— Très bien. Qu'est-ce que tu veux voir?

— Tout ce que tu voudras.

— Mais enfin... tu n'as pas une préférence?

— Non, je te laisse le choix.

— Eh bien... veux-tu voir les anciens?

— Où sont-ils tes anciens?

— Mais... sur le terrain, à Satory.

— Va pour Satory. Fais-moi seller un cheval frais, et en route.

Un quart d'heure après, les deux officiers botte à botte grimpaient le raidillon qui mène au champ de manœuvre. Le jour s'était levé, un jour sale, tout embrumé, et Dupitray crachait désespérément — un vieux restant de pituite mal soignée. Arrivé sur le terrain, le colonel, se haussant sur les étriers, fouilla l'horizon. On descendit d'abord vers les docs du campement, puis on obliqua vers la route du Polygone, on redescendit vers Guyancourt, rien, rien, pas l'ombre d'un cavalier.

— Ah çà, où sont-ils tes anciens? demanda le général.

— Évidemment, ils n'y sont pas. Je n'avais pas réfléchi... C'est aujourd'hui mercredi, ils doivent travailler sur les grandes routes.

— Sais-tu sur quelles routes?

— Ça dépend... Le secteur varie. Tu comprends, il faut laisser aux capitaines-commandants une certaine latitude...

— Bon! Je vois que nous ne trouverions rien. Eh bien alors, que veux-tu me montrer à la place?

— Les recrues? Veux-tu voir les recrues?

— Elles ne doivent pas encore savoir grand'chose; mais enfin, je veux bien. Où sont-elles, tes recrues?

— Mais... sans doute sur le terrain...

— Pas du tout, nous en venons, nous les aurions vues quelque part. Elles doivent être aussi sur les grandes routes. Alors fais-moi voir autre chose.

— Veux-tu examiner les élèves brigadiers au quartier?

— Ça, c'est intéressant, ça me va.

On revint à Versailles, et le général et le colonel montèrent à la salle des écoles. La porte était fermée.

— Allons, tes élèves brigadiers sont aussi sur les grandes routes?

— Sans doute... puisqu'ils ne sont pas à la théorie.

— Alors, décidément tu ne peux rien me montrer du tout?

— Mais si, sapristi, je ne veux pas te laisser partir comme ça. Veux-tu aller à la salle d'armes? Tu verras au moins les prévôts.

— Les prévôts?... Enfin, je veux bien voir tes prévôts.

La salle d'armes était fermée! Quant aux écuries, elles étaient vides.

— Allons, décidément, tout le monde est sur les grandes routes, soupira le général.

— Mais si le quartier est vide, c'est précisément parce qu'on travaille au dehors. Tiens, une idée, veux-tu voir les cuisines? Il y a certainement du monde aux cuisines.

— En es-tu bien sûr? Enfin, allons aux cuisines.

Le général Desthières entra. O bonheur, les cuisiniers étaient à leur poste! Le général prit une cuiller en ruolz qu'on lui tendait — la cuiller de la dégustation — et goûta un succulent bouillon, aux choux.

Ceci fait, il héla son cheval, puis se mettant en selle :

— C'est égal, Dupitray, avoue que je n'ai pas de chance. Partir de Paris à cinq heures du matin, et faire quarante kilomètres à cheval, rien que pour goûter ta soupe, c'est dur. Allons, adieu, j'espère être plus heureux une autre fois.

Et le général Derthières reprit pensif le chemin de Paris, suivi de l'ordonnance Perdriol, tandis que le colonel Dupitray décontenancé murmurait :

— Aussi, quelle drôle d'idée de ne pas me prévenir !

LA MORT ET LA VIE

Ce ne fut pas sans une certaine mélancolie que le capitaine de Poigne, attaché au deuxième bureau de l'état-major d'armée et, comme tel, devant suivre le cortège funèbre du Président, accrocha ses aiguillettes d'argent et agrafa son brassard blanc et rouge au bras gauche.

Combien de fois avait-il revêtu cette tenue brillante pour aller aux bals de l'Élysée ou à quelque fête présidée par ce pauvre président qui, aujourd'hui !... Ce que c'est que de nous, mon Dieu ! Ce que c'est que de nous !...

Il campa sur sa tête son casque, empanaché de blanc et de rouge, et, sanglé dans sa tunique à haut col, il lança un dernier coup d'œil au miroir et ne put s'empêcher de constater qu'il était très joli garçon. Pensée consolante, qui le remonta un peu.

Mais toute sa tristesse lui revint dans le palais. En route, il avait croisé un croque-mort qui causait avec un camarade, et, au passage, il avait entendu cette phrase shakespearienne, digne du fossoyeur d'Hamlet :

« Nous sommes très bien : nous sommes installés au frais dans la salle de bal. »

Et ces couronnes qui arrivaient de toutes parts, portées par de braves gens en habit noir, venus des coins les plus lointains de leur province, cette Alsacienne et cette Lorraine en costume du pays, rappelant, en ce jour de deuil, nos provinces perdues, et, par-dessus tout, la nouvelle, qui venait de se répandre, relative à la libération des deux officiers français détenus dans la forteresse de Glatz, tout cela avait remué au plus haut point le brave de Poigne, qui tortillait sa moustache pour dissimuler son émotion sincère et profonde.

Enfin, un coup de canon retentit, et l'on se mit en marche. Au loin, au milieu de l'étincellement des cuirasses et des sabres nus, entre deux rangées de polytechniciens formant la haie, on voyait osciller les plumets noirs sur le dais du char, soutenu par quatre anges d'argent massif, avec le drapeau tricolore piquant sur tout ce noir une note claire. Et la musique de la garde faisait entendre un hymne majestueux : une plainte lointaine, comme un sanglot étouffé tout à coup... puis revenant longue, désolée, déchirante, montant au ciel en spirales sonores pour retomber ensuite sur le monde désolé, afin de symboliser toutes ces douleurs éparses de la foule.

A petits pas, derrière la longue procession d'officiers empanachés et chamarrés, de

Poigne descendit l'avenue Marigny. Il faisait un soleil radieux, et, dans le silence respectueux de la foule, on entendait les petits oiseaux, effrayés par les salves d'artillerie, piailler dans les grands arbres du parc. A droite et à gauche, sur chaque trottoir, un grouillement confus, une fourmillière de têtes apparaissant au-dessus des barricades de chaises, de tables et d'échelles, une orgie de couleurs, où, sur la dominante noire ou violette, tranchait cependant, çà et là, quelque note éclatante d'ombrelle blanche ou de chapeau garni de roses. Peu à peu, au milieu de cette radiation de la nature en fête, de tout ce mouvement et de toute cette vie, le capitaine en arrivait à oublier un peu pourquoi il scandait ainsi le pas derrière ses camarades en grande tenue de service. N'était-il pas à sa place de bataille, comme aux autres jours de revue, marchant fièrement, en homme qui a conscience de faire bonne figure au milieu de braves gens et sous un uniforme respecté? Là-bas, le corbillard s'estompait dans une poussière d'or. On ne le voyait presque plus...

Peu à peu, de Poigne releva la tête, recambra le torse et, au lieu de continuer à fixer douloureusement le sol, regarda autour de lui. Précisément, un temps d'arrêt venait de se produire dans la marche du cortège. Notre capitaine aperçut devant le palais de l'Industrie, contre un réverbère allumé et drapé de crêpe, une échelle que venait de poser un camelot, et sur cette échelle, au milieu des branches vertes, montait en riant une brune ravissante, au teint mat, aux yeux profonds, avec des cheveux ondés apparaissant sous le grand chapeau garni de velours et d'ailes rehaussées de paillettes. A chaque mouvement ascensionnel, la poitrine altière bombait sous une blouse en crépon mauve; puis, dans un mouvement trop brusque, la robe froufroutante resta accrochée à un barreau, laissant apercevoir jusqu'au genou une jambe merveilleuse moulée dans un bas de soie mauve à quilles noires.

De Poigne tressaillit. Sans trop savoir ce qu'il faisait, il approcha de l'échelle, détacha galamment le pan de jupe accroché, qui retomba sur les petits souliers mordorés, et, comme, après avoir salué, il allait reprendre sa place dans le cortège, il entendit une voix harmonieuse et jeune qui lui disait, d'en haut :

— Merci, monsieur de Poigne, merci !

Il leva la tête et regarda la jeune femme.

— Vous me connaissez donc ?

— Oh ! depuis bien longtemps ! Je demeure en face de chez vous, rue du Cirque, et je vous vois partir tous les matins à cheval.

— Puis-je espérer, madame, que nous pourrons nous revoir ?

— Quand vous voudrez, capitaine. Je m'appelle madame Bernard, Alice Bernard...

Mais le cortège s'était remis en marche, et de Poigne reprit la file. Quelle séduisante créature que cette madame Bernard! Malgré lui, il revit tout à coup dans sa pensée une jambe exquise moulée dans un bas de soie mauve à quilles noires. Et cette poitrine altière! Et ces yeux profonds! Et ce teint mat, ambré, insensible aux rayons du soleil! Mais à quoi allait-il songer, au milieu de cette cérémonie funèbre? Continuer de penser à la belle Alice lui eût semblé impie. Un peu honteux de lui même, il chassa bien vite toutes ces idées profanes et tenta de se réabsorber dans une foule d'idées douloureuses et tristes. A quoi bon tant d'efforts, tant de bonne volonté, tant de générosité dans le cœur et de noblesse dans l'esprit, puisque tout peut être détruit en une seconde par trois centimètres de fer? La vie est une bataille, et le sort du président d'hier peut être celui du soldat de demain...

La chaleur devenait accablante. On eût dit que, depuis le départ, quelque main invisible braquait les rayons du soleil torride sur le casque du capitaine pour le faire étinceler, comme ces machinistes qui, dans les féeries, suivent l'étoile avec leur réflecteur pour l'inonder tout le temps de rayons électriques. Avec cela, son col l'étranglait, sa tunique le serrait atrocement, et le piétinement dans la poussière devenait odieux.

On était arrivé à Notre-Dame, et l'orgue faisait entendre un *Dies iræ* magistral ; les voix graves des basses semblaient consoler et bénir, tandis que, dans les notes retentissantes et martelées, on percevait comme les rumeurs confuses qui s'élèvent d'un champ de bataille longtemps après la mêlée, avec des cris de femme d'une tendresse déchirante... Jamais de Poigne ne s'était senti si accablé et si malheureux sous le lourd cimier.

Haletant, ruisselant, la tête en feu, avec

tous les symptômes précurseurs de l'insolation, il se traîna encore jusqu'au Panthéon, contemplant avec une stupeur abrutie le défilé interminable de gens qui, en France, ont le droit de porter des insignes variés ou de s'enrégimenter sous une bannière quelconque. Puis, la cérémonie enfin terminée, après avoir pris congé de ses chefs, il sauta en fiacre et se fit reconduire bien vite rue du Cirque. Là, il se déharnacha avec ivresse et dépouilla l'uniforme du cuirassier pour faire ruisseler l'eau fraîche sur son crâne en feu. Puis, en costume des plus primitifs, il alla s'étendre presque nu sur sa chaise longue, après avoir recommandé à son cuirassier Landrin de lui monter un pot de bière fraîche. Insensible à tout, les yeux mi-clos, il était plongé dans une torpeur voisine du néant lorsque l'ordonnance, revenant, lui dit qu'il y avait dans le salon une jeune femme qui désirait lui parler.

— Comment s'appelle-t-elle ?

— Madame Alice Bernard.

Au diable ! En vain, dans son imagination déprimée, de Poigne essaya-t-il d'évoquer encore cette échelle de Jacob, l'émoustillante vision d'un mollet cambré sous la soie mauve. Pour le moment, un seul besoin subsistait, impérieux, inexorable : le repos, le repos absolu et sans phrases. Il fallait cependant ne pas froisser l'amour-propre de la visiteuse et, avant tout, pour l'honneur de l'arme, masquer cette défaillance d'un robuste soldat.

— Landrin, dit-il d'une voix grave, tu diras à cette dame qu'à mon grand regret je ne saurais la recevoir. Un jour de deuil comme celui-ci doit-être consacré au recueillement, à la méditation et aux tristes souvenirs.

Et, ayant avalé une large lampée de bière, de Poigne s'endormit.

ORDRE DU CZAR

Ninette Marchal avait certainement eu des *amis* un peu dans toutes les nationalités. De même que certains Parisiens, lors de l'Exposition, essayaient de réveiller leur appétit blasé en allant manger au Champ-de-Mars des menus confectionnés dans des restaurants exotiques, passant du rosbif à la confiture à la rose, et du couscous au macaroni, de même Ninette avait cherché la sensation nouvelle en se donnant à des marquis espagnols, à des lords anglais, à des comtes autrichiens, à des barons suédois, voire même à quelques rastaquouères de l'Amérique du Sud, et son album de photographies présentait un amusant mélange de types et de costumes qui rappelait un peu le grand tableau d'Ismaïla dans le ballet d'*Excelsior*.

Mais elle n'avait jamais connu de Russe.

Pourquoi ? Est-ce qu'on sait jamais ! La vie de la femme galante est faite de ces hasards. Cependant Ninette était riche, jolie comme un cœur, et très lancée dans le monde élégant. L'hiver elle allait à Monte-Carlo ; l'été à Trouville et à Aix-les-Bains, l'automne à Biarritz — oh ma chère, ces Espagnols ! — mais le Moscovite manquait à la collection.

Et cependant ces gens du Nord, avec leurs yeux bleus, leur belle barbe blonde, leur ardeur contenue, et surtout leur distinction si aristocratique devaient aimer d'une façon toute particulière, devaient produire des émotions très spéciales. Il était impossible que le baiser donné sur la grande Moskoï ou la Perspective Newski fût le même que celui échangé rue Marbeuf. Il devait y avoir des caresses nouvelles, des mots gentils, mystérieux et inconnus, doux à l'oreille comme une chanson de Bohémiens ou une czarda entendue aux Iles ; être aimée d'un Russe, boyard ou simplement moujik, quel rêve ! Il y avait bien le personnel de l'ambassade, mais les attachés étaient tous des gens graves, austères, et un peu mûrs.

Aussi lorsque Ninette apprit l'arrivée à Paris des marins de l'escadre russe, sa joie ne connut plus de bornes. Il y avait certainement quelque jeune lieutenant de vaisseau qui serait très heureux d'entrer en relation avec une Parisienne comme elle. Évidemment toutes les heures avaient été prises par les fêtes officielles, mais quand on veut bien, on trouve toujours quelques instants à consacrer au culte immortel de Vénus la blonde.

Ainsi raisonnait Ninette en se rendant au grand trot de son mylord à la gare de Lyon pour faire immédiatement son choix dès le débarquement. Elle était ravissante avec sa capote ornée par devant de deux têtes d'oiseau rappelant l'aigle symbolique et sa longue redingote croisée avec revers en forme de pèlerine à godets, doublée en vison, avec trois rangs de zibeline au bas du petit collet prenant sur l'empiècement. C'était en même temps original et septentrional.

Sur le devant de la voiture, elle avait accumulé des gerbes de roses et de violettes de Parme. Debout sur le siège, huchée sans vergogne à côté de son cocher, dans un brouhaha de cris et d'ovations indescriptibles, elle vit passer les premières voitures contenant l'amiral Avellan et les gros bonnets, les capitaines de vaisseau et de frégate au crâne un peu dégarni, au torse puissant. Beaux hommes, sans doute, mais ne réalisant pas l'idéal de jeunesse et de crânerie juvénile qu'elle avait rêvé dans sa petite cervelle de détraquée.

Tout à coup dans la dernière voiture elle aperçut un grand blond, mince, svelte, à la barbe en pointe, à la chevelure courte et frisée comme l'Hercule Farnèse, le torse bombant sous la tunique à peine brodée, vrai type de héros de roman, beau comme on ne l'est plus, exhalant par tous les pores la joie de vivre. Le torse complètement penché hors de la calèche, il agitait sa casquette blanche avec frénésie, poussant d'une belle voix mâle des *hurrahs* sonores, et des : « Vive la France ! » à faire éclater les vitres.

— Voilà mon homme ! pensa Ninette.

Et non sans un gros battement de cœur, elle saisit une belle gerbe de roses et la lança au jeune officier qui la reçut en plein cœur. Celui-ci rougit de plaisir, et, voyant la radieuse beauté de Ninette, il lui envoya à pleine main, à la volée, un gros baiser. Allons, cela commençait bien. En rentrant, à tout hasard, Ninette acheta dans un kiosque l'*Univers illustré*, et aperçut les portraits des officiers de l'escadre russe en France. Tout en bas de la page, il y avait précisément, frappant de ressemblance, le jeune lieutenant, le comte Palanoff. Sans hésiter, notre amie, à peine rentrée dans son petit hôtel de la rue de la Trémoïlle, écrivit une lettre débordant d'un lyrisme échevelé, avec moins de style, mais tout autant de points d'exclamations que celles écrites à Musset par la châtelaine de Nohant ; puis elle chargea son domestique de porter la missive au Cercle militaire en demandant la réponse.

Une heure après, la réponse arrivait :

« Madame,

» Je suis vraiment très touché des bonnes paroles que vous voulez bien m'écrire. Moi aussi, j'ai bien remarqué votre admirable beauté à la gare de Lyon et il m'a semblé que vous personnifiez la Ville de Paris chargée de nous sourire dès nos premiers pas. Je conserverai toute ma vie les roses que vous m'avez envoyées et, lorsqu'elles seront desséchées, elles me laisseront le souvenir attendri de l'ovation faite, non au petit officier du czar, mais à l'humble représentant d'un peuple grand ami du vôtre.

» Je vous baise respectueusement les mains.

» COMTE SERGE PALANOFF. »

Ninette lut et relut cette aimable lettre, mais qui restait dans un ordre d'idées trop... vagues ; elle vit qu'il fallait brusquer la situation, et mener cet amour-là à la cravache. Elle riposta du tac au tac :

« Écrire, c'est bien, causer c'est mieux, j'en meurs d'envie. Quand venez-vous me voir? Je vous envoie la clef de l'hôtel. Vous arriverez quand vous voudrez, comme vous voudrez. A partir d'aujourd'hui, je n'y suis plus que pour vous, et vous attends... nuit et jour.

» NINETTE. »

A la lettre était jointe une jolie petite clef en nickel qui, effectivement, ouvrait la porte de la rue Chambige. Ceci fait, Ninette attendit avec fièvre. Le mercredi et le jeudi se passèrent sans qu'il vint aucune réponse de l'officier. Enfin, le vendredi matin, un planton d'infanterie arriva, apportant le pli suivant :

« Excusez-moi, adorable madame, de ne pas avoir répondu plus tôt à votre gracieux envoi, mais depuis notre arrivée nous avons été si surmenés, toutes nos heures de jour et de nuit ont été tellement employées, que je n'ai pu encore profiter de la chère petite clef que je porte toujours sur moi comme un talisman. Heureusement que comme nous avons été hier soir à l'Hôtel de Ville pour le dîner et la retraite aux flambeaux, l'amiral n'exige pas que nous nous y retrouvions tous ce soir pour le bal. J'aurai donc enfin quelques heures libres, et je serai bien heureux de vous les consacrer. Je viendrai ce soir vendredi à onze heures.

» A vos pieds.

» SERGE. »

Enfin Ninette allait donc toucher au port et réaliser son plus vif désir. Elle donna à sa chambre à coucher toute tendue de peluche un aspect de fête. Deux drapeaux, l'un russe, l'autre français, soutenaient les rideaux du lit destiné à la conclusion d'une si douce alliance — presque le radeau de Tilsitt — et au fond, au milieu de fleurs, une grande photographie du czar, digne, souriant, semblait présider fraternellement à cette union... morganatique.

A onze heures, avec cette exactitude qui

est la politesse des marins en voyage, le comte Serge arrivait en petite tenue, charmant avec la tunique simple et la casquette blanche. Ninette lui sauta au cou, lui donnant sur les lèvres un de ces baisers longs et savoureux qui l'ont fait surnommer la *pile électrique* pour ses amants éreintés, tandis que le jeune officier très remué, disait d'une voix altérée;

— Nous devons toujours dire où nous sommes, mais je suis bien tranquille, j'ai laissé votre adresse à mon ordonnance au Cercle militaire.

— Ah, que tu es gentil, que tu es gentil! s'écria Ninette, nous allons avoir toute une bonne nuit à nous!

Déjà l'officier avait déposé sa tunique, lorsqu'on frappa à la porte. La femme de chambre entra avec une dépêche.

— Monsieur le comte, dit-elle, voilà ce qu'un soldat vient d'apporter du Cercle militaire.

Le jeune Serge décacheta et lut :

Par suite de la mort du maréchal de Mac-Mahon, toutes les réjouissances sont suspendues pendant quarante-huit heures. Ordre du czar.

Alors, sans un mot de récrimination, le lieutenant de vaisseau se rhabilla, et se plaçant, les talons réunis, devant la photographie de l'empereur, il salua militairement en répétant : Ordre du czar. Puis il sortit.

— Sapristi ! s'écria Ninette avec rage, voilà de ces déveines qui n'arrivent qu'à moi !

AVANT LE DÉPART

Le comte Panaloff, lieutenant de vaisseau, à madame Ninette Maréchal, 8, rue Chambige, Paris.

Toulon, 28 octobre 1893.
A bord du *Rynda*.

« Ma belle Ninette,

» Je suis sûr que ma fuite à la... Russe de l'autre soir a dû vous combler de stupéfaction. C'était la retraite, la fâcheuse retraite sur un simple ordre du czar, et même avant l'incendie de Moscou. Je tiens cependant à bien vous dire que je m'appelle Serge et que le prénom de Joseph est absolument inconnu dans la marine impériale.

» — Alors?... me demanderez-vous en haussant d'un air étonné vos jolis sourcils si bien arqués, alors?...

» Alors, je comprends très bien que ma conduite demande une explication, et tandis que mon navire est encore en rade, je crois de mon devoir de vous envoyer une lettre pleine d'excuses, de regrets, de regrets surtout! Et cependant, ô ma jolie Parisienne, si exquise, à la *frimousse* si gentiment éveillée, aux lèvres si attirantes, à la gorge si pleine de promesses pour le pauvre marin peu habitué à pareille fête, si je me retrouvais dans le même cas, si après avoir frissonné jusqu'aux moelles à la suite du baiser capiteux que nous avons échangé — je vous avais dans mes bras, mi-pâmée, et prête à tous les abandons, et si à ce moment précis — psychologique, comme disent vos auteurs français — je recevais un télégramme de l'empereur me disant que *toute réjouissance nous est interdite pendant quarante-huit heures*, je saluerais militairement comme je l'ai fait, ô ma Ninette, et je m'en irais héroïquement, stoïquement, au risque de passer à vos yeux pour un imbécile, ce qui ne serait rien, mais pour un... incapable, ce qui serait plus grave.

» Et cependant, vous ne pouvez savoir combien votre gentil roman m'avait été au cœur! C'est vous que je revoyais dans ma coquette petite chambre du Cercle militaire, lorsque le soir, fourbu, harassé, je rentrais l'œil tout ébloui des feux de joie, et les oreilles encore assourdies par les acclamations. Alors, je m'accoudais à mon balcon qui donnait place de l'Opéra et, dans cette foule grouillante qui se massait devant nos fenêtres, au milieu des illuminations, des lanternes vénitiennes, et des radiations électriques qui noyaient nos drapeaux réunis dans des lueurs d'apothéose, je cherchais si je ne pourrais pas découvrir quelque visage vous ressemblant. Dans les fines silhouettes féminines qui, là-bas, passaient sur les grands boulevards, je cherchais à retrouver quelque chose de vos attitudes, de votre démarche, de votre port de tête, un peu de côté comme un oiseau qui écouterait une mélodie; et une fois étendu dans mon lit solitaire, bercé encore par les acclamations de la foule qui, comme le vent de la tempête, grondaient sous nos fenêtres jusqu'aux heures les plus avancées de la nuit, je rêvais à vous, tout debout sur votre calèche, m'envoyant une gerbe de roses avec un beau geste large et je m'endormais en serrant contre mon cœur la petite clef que vous m'aviez envoyée, et qui devait un jour ou l'autre m'ouvrir l'accès du paradis.

» Il n'en a pas été ainsi, ma pauvre Ninette; le paradis est resté fermé; je suis reparti sans avoir mordu dans la belle grappe qui se trouvait à portée de mes lèvres; j'ai respiré le parfum du nectar, mais je ne l'ai pas bu, et peut-être ne saurai-je jamais tout ce qu'il y avait de volupté, d'anéantissement, de délices dans ce cher petit corps dont je n'ai pu que deviner les lignes merveilleuses, la souplesse féline, et les trésors cachés. Le baiser échangé a été un baiser d'adieu, non un baiser de fiançailles, mais j'en ai conservé la sensation âcre comme une brûlure; vos lèvres de fraises ont transmis aux papilles de mon palais un goût divin d'amande amère, de dragée, que je ne pourrais définir, mais qui me secoue jusqu'au plus intime de mon être, et je donnerais dix ans de ma vie pour aspirer à nouveau de toute la force de ma vie un baiser pareil.

» Et plus vous avancez dans cette lettre où je vous montre le fond de mon cœur, plus votre bouche spirituelle et moqueuse forme un petit pointu en signe de dédain pour celui qui n'a pas su profiter de l'occasion et cueillir la fleur offerte. Votre petite cervelle de Parisienne très fin-de-siècle, très sceptique, et, disons le mot, très... jouisseuse, ne saurait, en effet, comprendre ni admettre ces grandes idées de renoncement, de sacrifice absolu et d'obéissance passive, au moindre mot, au moindre signe même à distance.

» C'est que voyez-vous, Ninette, nous avons, nous, une qualité maîtresse, ou un défaut capital — ça dépend du point de vue. *Nous croyons*. Nous croyons au droit divin, à l'autorité, à la discipline, à la religion, à la gloire, à l'amour. Nous avons la foi dans le chef suprême qui est non seulement notre empereur, mais un peu notre père à tous, notre directeur de conscience; il ne nous apparaît que dans un lointain prestigieux, environné d'éclairs, planant comme un pape souverainement juste et souverainement bon au-dessus de cet aigle à deux têtes qui personnifie la patrie, la Sainte Russie. Il peut se mettre en travers de nos volontés, de nos espérances, de nos plaisirs, et nous nous inclinons parce qu'il est le maître infaillible, dont on ne discute jamais les ordres, celui pour lequel nos moujiks ont inventé ce proverbe si merveilleux dans sa simplicité : *Entendre c'est obéir.*

» Ces idées peuvent paraître insensées dans l'atmosphère de la rue Chambige ; là-bas, sur la grande Moskoi, dans nos steppes immenses, ou sur nos grands bâtiments s'avançant majestueux et solennels à travers ces brouillards glacés qui font disparaître l'immensité dans une espèce de ouate uniformément grise, elles semblent naturelles. Elles cadrent bien avec la règle du bord, étroite et rigide, avec ces prières que nous disons tête nue sur le pont matin et soir, avec notre hymne national qui n'a pas l'allure guerrière du vôtre, mais qui est religieux et mystique.

» Nos amoureuses elles-mêmes subissent l'action de l'air ambiant. Elles sont étranges, énigmatiques et un peu cruelles. Elles aiment nous rendre heureux; mais je sais qu'au fond elles préfèrent encore nous faire souffrir, et leurs mains de femmes sont terminées par des griffes de sphynx. Je vous dis tout cela pour vous faire comprendre combien j'aurais été heureux de rencontrer sur ma route un amour parisien, c'est-à-dire sans complication ni amertume, joyeux comme un grelot dans un lilas, léger comme la mousse de ce vin de Champagne qu'on nous a, tous ces jours derniers, si souvent obligés à boire, sous prétexte de toasts multiples.

» Vous eussiez été le caprice un peu fou, la belle rose épanouie qu'on cueille au détour du chemin, et dont le souvenir attendri suffit ensuite pour parfumer toute une existence de fatigues, de dangers et de sacrifices faits à la patrie. C'est à vous, vous la Parisienne inconnue et vaguement désirée, que nous pensions tous en approchant de la côte où vos compatriotes nous attendaient pour nous faire si aimable accueil.

» Et ce rêve, si près d'être réalisé, s'est envolé ! Et votre petit cœur que je croyais si bien tenir dans ma main, a disparu quand j'ai voulu l'ouvrir pour savoir enfin ce qu'il y avait dedans. Je vous écris tout cela très mal, ne connaissant pas bien toutes les ressources, toutes les finesses de votre langue française, mais je serai heureux si j'ai pu vous faire comprendre ce que j'attendais de cette nuit promise, et combien la déception a été cruelle !

» N'importe, j'ai fait mon devoir, et peut-être, au fond, vaut-il mieux qu'il en soit ainsi. Ne haussez pas vos belles épaules rondes, ô ma Ninette. J'emporte mon rêve intact, radieux et impollué. Dans mes longues nuits de quart, enroulé dans mon caban, les yeux perdus sur les vagues de nos froides mers polaires, j'évoquerai bien souvent votre gracieuse frimousse d'une gaminerie si exquise, je relirai la jolie lettre que vous m'avez écrite au débotté, sur ce papier mauve orné d'une tête de chatte blanche, et je mêlerai son parfum de white rose aux âcres senteurs salines.

» Grâce à l'ordre du czar, vous resterez pour moi la créature divine qu'on espère toujours et qu'on ne possède jamais, la femme idéale dont la caresse est un avant-goût du ciel, la bulle de savon diaprée des couleurs du prisme qu'il faut admirer mais bien se garder d'atteindre, sous peine de la voir se briser.

» Allons, allons, ne riez pas trop des idées absurdes du petit officier russe, et dites-vous bien que la réalité, si douce qu'elle ait pu être, que vos étreintes les plus folles, que vos cris d'amour et vos spasmes les plus sincères, n'auraient jamais été supérieurs à ce que je me figure et à ce que je crois. C'est quelque chose de laisser de soi un pareil souvenir et de conserver intactes d'aussi radieuses illusions.

» Adieu Ninette! Le *Rynda* est sous pression. Dans quelques heures nous allons prendre le large. Tant que les côtes de France seront en vue, c'est à vous que je songerai, et quand les derniers phares de Toulon disparaîtront dans les brumes, c'est vers vous que s'envolera le baiser que j'enverrai vers votre France bénie, cette France où les cœurs sont si chauds, le soleil si doux, les vins si généreux et les Parisiennes si jolies!...

» COMTE PALANOFF. »

BEAUCOUP DE TACT

On parlait l'autre soir, au cercle, des difficultés qu'éprouve un gouvernement qui veut maintenir la balance entre les possesseurs et ceux qui veulent posséder à leur tour, entre les patrons et les ouvriers, entre les repus et les affamés.

— Oui, disait le marquis d'Autun avec sa belle voix vibrante, oui, il y a certainement quelque chose à faire en faveur des malheureux et des déshérités. Quel dommage que les anarchistes, les politiciens, et les meneurs viennent à chaque instant rendre notre tâche si difficile! Les dernières grèves du Nord, à cet égard, ont été lamentables.

— Bah, les grèves! s'écria tout à coup le commandant Chavoye avec son organe tonitruant, moi, j'en fais mon affaire.

On se retourna vers le gigantesque cuirassier qui avait étalé sur la table sa large poigne, une main faite pour manier la grande latte; et, avec ses sourcils tout froncés, sa moustache en brosse, ses cheveux blancs encadrant sa figure rude, il répétait encore :

— J'en fais mon affaire... et ça ne traine pas, je vous prie de le croire!

— J'entends bien, commandant, reprit avec mélancolie le marquis d'Autun. Vous chargez la foule à la tête de vos escadrons bardés de fer; vous tombez à coups de plat de sabre sur des malheureux armés de bâtons et vous les obligez à rentrer dans leur trou... mais ça n'est pas une solution.

— Je ne charge pas du tout. J'ai un moyen bien meilleur et qui m'a admirablement réussi en 1887. Beaucoup de tact.

— Racontez-nous ça, commandant.

— Volontiers, messieurs. En ce temps-là, j'étais en garnison à Lille, en Flandre, quartier de la Madeleine, et j'avais l'honneur de commander comme capitaine le 4e escadron du 15e cuirassiers. Un matin, je traversais la place d'armes, à cheval, m'amusant à faire du pas espagnol devant la patronne de notre café, Eugénie Bistrot, une brune ! — je ne vous dis que ça, — lorsque tout à coup l'adjudant Chambenoit m'aperçut et me cria :

— Ah, mon capitaine, je viens de chez vous. Le colonel vous demande.

Je me précipite vers la rue Esquermoise où demeurait mon chef, sachant par expérience qu'il n'aimait pas beaucoup à attendre. Vous avez connu La Borlière qui sortait de la garde. — Aussi grand que moi, mais encore plus gros si c'est possible. Quand on apportait sa cuirasse au quartier, elle ressemblait à une guérite dans laquelle on aurait pu donner des rendez-vous secrets. C'était une joie de passer avec lui dans les villages. Les femmes s'appelaient de porte en porte en disant :

— Venez donc voir ! Il y en a un en tête qui est gros, qui est gros ! !...

Et La Borlière souriait très flatté de son succès. Mais ce matin-là, il ne riait pas du tout. Il chiffonnait une dépêche qu'il venait de recevoir et dès qu'il m'aperçut, il cria :

— Ah ! vous voilà, capitaine Chavoye, *ça n'est pas malheureux*. Je viens de recevoir un télégramme du préfet. Il paraît que ça va mal à Lens, à dix-sept kilomètres de Béthune, dans le Pas-de-Calais. La grève des mineurs persiste, et demain il doit y avoir dans la soirée au café du Commerce, une grande réunion présidée par Brouta, le fameux député radical. Bref, on craint du chambard, et l'on réclame de la cavalerie. Vous allez partir immédiatement pour Lens avec un escadron carré à cent hommes.

— Bien, mon colonel.

— Il faudra beaucoup de tact, mais, en même temps, beaucoup d'énergie. Pas de brutalité inutile, mais protection vigoureuse du travail. Vous comprenez ?

— Le tact a toujours été mon fort.

Le colonel La Borlière me regarda avec une surprise peu flatteuse — évidemment, je ne sais pourquoi, il doutait de mon tact, et me dit :

— Heu ! heu ! Dans mon idée, je vous vois plutôt cognant ferme que manœuvrant avec diplomatie. Enfin, c'est à votre tour de marcher ; faites pour le mieux.

Et je partis à la tête de mes hommes, ravis de cette petite promenade. Vous savez, tout ce qui rompt la monotonie ordinaire du quartier est toujours accueilli avec joie. Précisément, il faisait un temps superbe, et l'étape s'accomplit dans les meilleures conditions. Nous passons par Violaines, et nous arrivons le lendemain soir à Lens. La ville était en complète effervescence, et, tout le long de notre chemin, nous sommes accueillis par des grondements sourds. Le poing sur la hanche, suivi de mon trompette, je descendais au pas la grande rue, avec mon escadron en colonne par quatre, et dame, ma panse, déjà fort respectable, provoquait quelques remarques envieuses !

— Hein ! l'on se nourrit bien, dans les cuirassiers ! — Encore un gros qui s'engraisse de la sueur du peuple !

Moi, je répondais en riant :

— Que voulez-vous ? on nous choisit comme ça. Ce n'est pas pour rien qu'on nous appelle *les gros frères*.

C'est égal. Les sabots de nos chevaux, qui résonnaient sur les pavés, les fourreaux de sabre qui s'entrechoquaient contre les éperons, tout cela, dans la rue peu éclairée, faisait un bruit sinistre, et l'on nous regardait avec une stupeur effarée, comme si nous apportions dans nos fontes la mort et la désolation. Arrivé sur la place de l'Église, je fais ouvrir les rangs, mettre pied à terre et, sans perdre de temps, je demande immédiatement à voir le maire.

— Le maire, me répond une brave femme, vous ne le trouverez pas à la mairie. Il est, pour sûr, à la grande assemblée du café du Commerce, un *milingue*, comme ils disent.

— Et où est-il ce café du Commerce ?

— Là-bas, en face, mais je ne vous conseille pas d'y aller, car il n'aime pas beaucoup les soldats, monsieur le maire.

Je regardai dans la direction indiquée

par la vieille, et j'aperçus en effet un café brillamment illuminé qui resplendissait comme un phare dans la nuit noire. Une inscription au-dessus de la porte indiquait qu'il y avait bal tous les dimanches. Évidemment le *mitingue* devait avoir lieu dans la salle de danse. Je descends de cheval, et tel que j'étais, casqué et cuirassé, je me rends à l'hôtel, escorté par une demi-douzaine de gamins qui me suivaient avec une curiosité craintive. Je pénètre non sans peine en jouant des coudes et comme je dépassais à peu près de la tête tous les assistants, — j'ai un mètre quatre-vingt sept, — j'aperçois une foule grouillante, houleuse, et dans le fond, sur l'estrade des musiciens, une table éclairée par deux lampes. C'est à cette tribune improvisée que pérorait mon Brouta, les cheveux au vent, haut sur col, et sanglé dans une belle redingote noire.

Il *broutassait* un discours très étudié, rempli de revendications impossibles, augmentation des salaires, rappel des ouvriers compromis, réduction des heures de travail, acceptation du charbon malpropre. Que sais-je! Le discours paraissait d'ailleurs médiocrement porter, et moi, debout, les bras croisés, je toisai l'orateur d'un air un peu goguenard, quant tout à coup, Brouta m'aperçut, et sans doute, pour faire diversion, m'interpelle :

— Hé, toi là-bas, citoyen soudard, je voudrais bien savoir ce que tu viens f.... ici?

— Moi, je viens écouter les bêtises et je m'ennuie rudement, car c'est idiot tout ce que tu nous racontes.

Là-dessus, un tumulte indescriptible. Les amis de l'orateur me crient: « A la porte » mais la majorité me crie : « A la tribune, toi qui fais le malin, à la tribune! »

Je ne me le fais pas dire deux fois. Je

me rue vers l'estrade, je grimpe les marches, et comme Brouta ne voulait pas me céder la place, je le cueille gentiment par le collet de sa belle redingote, entre le pouce et l'index, et je le dépose au milieu des chaises. Rien n'amuse la foule comme la force.

Aussi l'auditoire immédiatement retourné en ma faveur, me crie : « Un discours! Un discours! »

Mes amis, leur dis-je, je ne vous parlerai pas politique, parce que la politique cela me va comme des bretelles à une langouste, mais si vous voulez, je vous chanterai une chanson qui vous amusera autrement que les tirades filandreuses du citoyen Brouta.

— Oui! oui! Une chanson hurle un millier de voix qui couvrent celles de quelques rares protestataires.

Alors, je me campe solidement devant la table, et avec cet organe spécial habitué à lancer des commandements sur le terrain de manœuvre, je commence :

J'ai tâté du vin d'Argenteuil,
Il m'a fichu la foire;
J'ai voulu tâter de la gloire,
Une balle m'a poché l'œil.
Des grandeurs revenu,
J'aime mieux tâter... la vertu
De ma blonde !!...

Là-dessus, voilà l'auditoire qui reprend en chœur :

De ma blonde !...

Il y avait huit couplets dans ce goût-là. Dès le sixième on voulait me porter en triomphe. A la fin, en matière de conclusion, je leur criai :

— Maintenant, mes amis, je vous conseille d'aller en tâter, vous aussi, c'est-à-dire d'aller coucher ce soir avec vos femmes, et de retourner simplement demain à votre travail. Tout le reste, c'est de la frime.

Ah ! messieurs, quel succès ! Je suis

sorti de la salle au milieu d'une ovation indescriptible. Tout le monde voulait me serrer la main ; les femmes m'embrassaient. Le lendemain, la grève était complètement finie, et moi je repartais pour Lille avec mes hommes aux cris de : « Vivent les cuirassiers ! Vive l'armée ! »

En arrivant, le colonel La Borlière m'a dit :

— Toutes mes félicitations, mon cher Chavoye. J'ai reçu une dépêche du préfet. Il paraît que vous avez montré beaucoup de tact.

LE RECENSEMENT

Raoul de Folangin, lieutenant au 32e hussards, avait été chargé du recensement des chevaux dans son département, mission de confiance, pas plus ennuyeuse qu'une autre, en somme, mais ayant le tort de tomber en pleine saison et en pleine semaine du Grand Prix. Grandeur et servitude militaire!...

Et il était parti, sans grand enthousiasme, dans une vieille berline louée *ad hoc*, avec le maréchal des logis Duburd, chargé des écritures, le vétérinaire Vésigon, homme de conversation assez terre-à-terre, mais n'ayant pas son pareil pour établir à première vue le signalement d'un cheval, et l'ordonnance Filastre, perché sur le siège. La carriole ainsi chargée roulait dès l'aurore, à travers les routes ensoleillées de la belle Normandie, dans ces petits chemins merveilleux bordés de chênes servant de clôture aux fermes, et découpant sur le sol de grands losanges mi-partie ombre et lumière.

On arrivait dans les villages d'après l'itinéraire désigné par le général commandant la *subdivision* et en suivant scrupuleusement les jours indiqués; on descendait dans la moins mauvaise auberge, on convoquait le maire et un citoyen *idoine*, en général un notable, membre du conseil municipal, flanqué de deux gendarmes, qui arrivait avec sa blouse bleue, ses gros sabots, son air intimidé et ahuri, et dont cependant la parole faisait foi pour confirmer les dires des paysans.

Et le défilé commençait, sur la place du village, au milieu des indigènes réunis curieusement tout autour de la table, sur laquelle le marchi Duburd écrivait au fur et à mesure, au milieu des enfants dépenaillés, des poules qui venaient picoter dans le crottin et des troupeaux de canards qui passaient gravement, en procession solennelle, tout en jetant dans les airs des *couin couin* sonores, ce cri popularisé par Thérésa la Grande, avec un *laïtou* spécial... pour les canards tyroliens.

Et les chevaux défilaient. Bêtes communes, mal soignées, mais solides, aux larges croupes, aux paturons épais, à l'encolure puissante, chevaux de trait et de labour, pouvant rendre des services dans le train des équipages, pour les fourragères, et dont quelques-unes, les moins lourdes, étaient susceptibles d'être montées le grand jour où l'on ferait feu des quatre pieds pour se donner enfin — enfin ! le grand coup de torchon décisif !

Au milieu de ces chevaux rustiques, quelques jolis produits de luxe envoyés par les propriétaires des environs, beaux carrossiers, percherons rapides à la queue nouée, *hunters* anglais, aux membres fuselés, tout près du sang, avec la crinière à droite, et la petite poignée de poil laissée au-dessous du boulet. Vesiguon lorgnait et, de sa voix nasillarde, clamait :

« Trilby, cheval anglais, six ans, un mètre soixante-deux, bai-cerise, étoile en tête, balzane au membre postérieur droit; de la bouche, du cerceau, de l'air sous le ventre. Susceptible de monter un officier...

» La Pichette, jument : un mètre cinquante-six, onze ans. Gris-truité. Bête commune, à affecter au trait. »

... Et, tandis que Vesigon parlait, tandis que le maire approuvait, tandis que le citoyen idoine affirmait que le fermier Anquetil n'avait effectivement que deux bêtes, « rapport qu'il en avait vendu une à la Saint-Michel », le maréchal des logis Dubard, penché sur la table, remplissait ses imprimés.

Et Folangin, me direz-vous? Que faisait le lieutenant Folangin? Folangin, il regardait, il causait avec le maire, lorgnait les femmes, qu'il trouvait affreuses, et faisait des réflexions philosophiques; mais, les trois quarts du temps, il s'ennuyait ferme.

Les opérations commençaient à sept heures du matin, duraient jusqu'à onze heures, puis reprenaient à deux heures, jusqu'au soir, entremêlées de contestations, de réclamations, de dénonciations anonymes et de rapports à la gendarmerie lorsque le conseiller notable ne couvrait pas les délinquants. Et, le soir, pour se distraire, après avoir dîné avec le vétérinaire Vesigon, il entamait avec lui des discussions intéressantes sur le traitement du capelet et sur la ferrure Charlier.

Au bout de quinze jours, Folangin, qui

devenait complètement abruti, comprit qu'une telle existence ne pouvait pas durer, surtout étant donné que la chasteté était de rigueur, le pays produisant des femelles, mais non des femmes.

Une seule fois, notre officier, sur la foi de la recommandation d'un ami, avait poussé jusqu'au village de Neuville pour y voir une marchande de tabac célèbre à vingt lieues à la ronde pour sa beauté et ses mœurs déplorables. Mais, après avoir acheté un londrès, il avait fui épouvanté devant l'effroyable sourire de la mégère et sans demander son reste.

Heureusement, les opérations tiraient à leur fin ; il n'y avait plus que deux localités à visiter : Baon-le-Comte pour le vendredi 15 juin, et Etoutteville pour le samedi 16 juin.

Or, précisément, ces deux hameaux étaient tout près d'Yvetot, c'est-à-dire à trois lieues et demie de Paris. Notre lieutenant ne crut donc pouvoir mieux faire que d'écrire à mademoiselle Blanche de Croissy le mot suivant :

« Ma chère Blanchette,

» J'ai quinze jours d'économies amoureuses. Veux-tu venir les dépenser avec moi ? Prends, vendredi, le train de sept heures cinquante-huit arrivant à Yvetot à onze heures quatorze. Je t'attendrai à la gare. Nous passerons le vendredi et le samedi en pleine Normandie, dans un pays enchanteur, où je suis chargé du recensement des dadas, et, le dimanche 17, nous retournerons ensemble à Paris pour le Grand Prix.

» Mille tendresses.

» RAOUL DE FOLANGIN. »

Blanche de Croissy répondit immédiatement par le télégraphe :

« Petit homme chéri, j'accours dépenser économies, et même entamer capital. Arriverai vendredi; mais regrette bien courses samedi Longchamp. Gros sacrifice. »

Et, le vendredi, à l'heure dite, Blanchette, en robe de foulard maïs, coiffée d'un catapultueux chapeau tout couvert de bleuets et de roses, faisait son entrée dans la bonne ville d'Yvetot, où, ai-je besoin de le dire? (je n'ai pas besoin, mais je le dis tout de même) elle était reçue à bras ouverts par Raoul, qui s'écriait : « Une femme! Enfin, une femme! » comme les marins de Christophe Colomb disaient : « Terre! terre! »

Après les premières effusions passées (jetons un voile) à l'auberge du Bœuf Couronné, le couple partit dans la berline pour Bois-le-Comte, petite localité où toutes les opérations furent terminées en deux heures.

— Tu ne sais pas, petit homme, dit tout à coup Blanche, j'ai une idée géniale. Puisque la journée est si peu avancée, filons sur Etoutteville, faisons le recensement aujourd'hui, et, demain, samedi, nous retournerons à Paris, par le train de sept heures cinquante-cinq, arrivant à onze heures dix-huit... et nous pourrons aller dans la journée à Longchamp

— Mais le maire, le notable idoine?...

— Bah! avec des paysans, tu t'arrangeras toujours. Tu leur diras, au besoin, que ce sont eux qui font erreur.

— Au fait, on peut toujours essayer, réfléchit le lieutenant.

Et, immédiatement, la voiture mettait le cap sur Etoutteville, à deux kilomètres de Baon, avec son chargement habituel, plus Blanche de Croissy, qui s'était assise en face du vétérinaire Vesigon, toujours galant avec les dames.

Le maire d'Etoutteville fit bien quelques difficultés, et le conseiller Cocatrix se débattit comme un beau diable, sous prétexte qu'il avait des foins à rentrer; mais le lieutenant soutint mordicus que la réunion était pour le vendredi, qu'il avait des ordres, et, grâce au tambour de ville, à la gendarmerie et au garde champêtre, le recensement put, tant bien que mal, avoir lieu vers les cinq heures.

Puis la carriole revint vers Yvetot, chacun ayant la satisfaction du devoir accompli et la perspective d'une bonne journée de repos pour le lendemain. A l'hôtel du Bœuf-Couronné, le lieutenant se heurta à un commandant de recrutement, en uniforme, un vieux brisquard tout blanc, qui n'avait pas l'air commode.

— Mon cher camarade, dit-il, je suis le commandant Brulard, en tournée d'inspection de recensement. Demain matin, nous irons ensemble à Etoutteville, votre dernière localité.

— Parfaitement, mon commandant, dit Raoul en pâlissant un peu.

Patatras! Que faire? Que diraient le maire et le notable Cocatrix en voyant que l'officier les avait trompés? Jamais ils ne consentiraient à recommencer les opérations; jamais, surtout, on ne pourrait décider les fermiers à se déranger une seconde fois. Tout serait découvert. Le lieutenant attraperait quinze jours d'arrêts de rigueur pour ne pas avoir suivi l'ordre indiqué par le général. Dès lors, plus de courses à Longchamp, plus de Blanchette, plus rien! Abomination de la désolation, comme disait Jérémie.

Il alla confier ses terreurs à son amie, qui, après le premier moment de stupeur, dit simplement :

— Bah! si tu veux me laisser faire, je te sauverai.

— Oh! ma petite chérie, je te donne carte blanche, carte blanche. Ordonne : j'obéirai.

— Eh bien, à diner, n'aie pas l'air de me connaître.

Le soir, dans la salle à manger de l'auberge, la blondinette déploya toutes ses coquetteries envers Brulard, qui se montra fort empressé... Et le lendemain matin, quand le lieutenant Folangin fit prévenir son chef par l'ordonnance Filastre que tout était prêt pour le départ à Etoutteville, il apprit avec ravissement que Brulard s'en rapportait à lui et le priait d'aller seul à Etoutteville.

— Eh bien! dit Raoul à sa compagne en revenant de son excursion platonique, tu as su retenir le commandant?

— Parfaitement. Il vient de repartir pour Caen.

— Sauvé! Et... est-ce que?...

— Ah dame! répondit Blanche en rougissant, tu m'avais donné carte blanche. Mais tu verras, petit homme, comme tu vas gagner au Grand Prix de Paris!

L'ENSEIGNE

On potinait ferme l'autre soir, à Trouville, sous la tente de l'hôtel de Paris, et, tout en dégustant les crevettes que le prévoyant Antoine met sur la table pour faire patienter les dîneurs, on émettait quelques remarques *indulgentes* sur les belles-petites assises à l'entour.

— Est-ce que Laure est toujours avec le prince? demanda Brionne.

— Mais non, c'est absolument fini, reprit Balleroy, seulement elle continue à nous le servir comme obstacle. C'est l'*enseigne de la maison*.

Et sur ce mot, les anecdotes se mirent à pleuvoir, chacun apportant ses documents personnels ; l'un évoqua le souvenir de Blanche Lenoir avec le mannequin en cire du duc d'Alger qu'on montrait dans l'ombre, penché attentivement sur la carte de France ; l'autre nous raconta qu'il avait un soir cédé la place au prince de Chypre, et que le lendemain il avait lu dans les journaux que le futur souverain inaugurait un chemin de fer à Bombay ; un autre nous dit qu'il croyait posséder la belle Ravaschoff, en syndicat avec le baron Laguedein, ce qui est toujours flatteur, il payait d'autant plus qu'il ne voulait, pour rien au monde, avoir l'air de profiter du luxe fournit par Laguedein ; or, le baron, gâteux, était depuis longtemps interné dans une maison de fous. Il était venu jadis une ou deux fois, pas plus, juste assez pour devenir l'enseigne de la maison, et pour tous, Ravaschoff était la maîtresse de Laguedein.

— En somme, dit Noirmont, c'est le rôle que joue en général vis-à-vis de nous le mari.

— Ah! comme c'est vrai! s'écrie le commandant Chavoye. Tenez, voulez-vous savoir ce qui m'est arrivé jadis à Versailles quand j'étais capitaine au 16e cuirassiers?

— Mais, commandant, avec plaisir, fit-on à la ronde.

— Il faut vous dire que dans ce temps-là, j'étais jeune, svelte et vraiment pas trop mal tourné. Je puis bien le dire aujourd'hui que le ventre est venu et que les cheveux sont partis avec les illusions. En dehors du service, toujours en route sur la ligne de l'Ouest, j'avais été surnommé par mes camarades : l'inspecteur des plaques tournantes. Au milieu de cette vie brûlée, conciliant malgré tont le tableau de travail avec les attractions de Paris, je n'avais pas le temps ni le loisir de chercher des aventures à Versailles, et toutes mes combinaisons reposaient toujours sur le train le plus rapproché du moment où nos chefs nous disaient :

— Messieurs, vous êtes libres!

Quand le général venait nous inspecter, et qu'il demandait ensuite à quelle heure il pouvait retourner à Paris, soit par Saint-Lazare, soit par Montparnasse, il n'y avait qu'un cri :

— Demandez à Chavoye, mon général. Il vous le dira tout de suite.

Et non seulement je fournissais le renseignement exact... mais je faisais mieux ! je reprenais le train avec le général, ayant trouvé le temps, pendant qu'il se rendait à la gare, de me mettre en bourgeois et d'arriver en même temps que lui.

Au régiment, on affirmait très sérieusement que je portais toujours deux pantalons et que j'avais une tenue civile sous mon uniforme...

— Mon cher Chavoye, insinua Brionne, ces détails rétrospectifs ont leur intérêt, mais il me semble que vous vous égarez un peu.

— Pas du tout, monsieur, ces préliminaires sont nécessaires à mon histoire et servent à vous expliquer que je ne m'occupais guère des femmes de ma garnison. Cependant, un jour qu'il devait y avoir conférence à trois heures sur le nouveau paquetage, pour tuer le temps j'avais été flâner, en sortant du mess, du côté de cette magnifique pelouse qu'on appelle le Tapis-Vert. Il est vraiment très bien, ce parc de Versailles. Depuis quatre ans, je n'avais jamais trouvé un moment pour le visiter; mais c'est certainement un beau parc. Je regardais donc avec un certain étonnement ces charmilles, ces vieux arbres, ces ifs taillés en tronc de cône, lorsque tout à coup près d'une statue de Diane passablement vermoulue, j'aperçus une femme qui lisait. Au bruit de mes éperons sur le sable, elle leva les yeux — des yeux étonnants, immenses, profonds à s'y noyer, des yeux à damner un saint et à plus forte raison un capitaine de cuirassiers. Immédiatement je marchai vers la dame, et m'inclinant, képi bas, je murmurai d'un ton pénétré :

— Ah, la belle journée! la belle journée!

— Vous riez? Parbleu, je sais aussi bien que vous combien ma phrase était idiote, mais si vous voulez m'en trouver une plus spirituelle pour aborder une femme qu'on ne connaît pas, vous me ferez un sensible plaisir. Immédiatement mon inconnue se leva, me jeta un regard courroucé, et me répondit :

— Monsieur, vous faites erreur, je suis madame Bernard, la femme du capitaine Bernard, du 2e chasseurs.

Elle se leva, et, ma foi, je la suivis à distance jusqu'au boulevard de la Reine, où je la vis entrer dans un petit hôtel qui portait le numéro 9. Évidemment j'aurais dû ne pas pousser l'aventure plus loin... la femme d'un camarade... mais il y avait ces yeux, ces diables d'yeux qui m'avaient ensorcelé ! Bref, je rentrai chez moi et j'écrivis la phrase traditionnelle :

« *Madame, quand on vous voit on vous aime, et quand on vous aime, vous voit-on?* »

J'avais bien fait la leçon à mon ordonnance, de manière que la lettre ne fût remise qu'en main propre, et mon brave coquillard avait bien et dûment donné mon mot à madame Bernard elle-même.

Je fus donc fort étonné de le voir me rapporter la réponse suivante :

« Monsieur,

» Puisque vous n'avez pas signé, je ne peux savoir ce que j'ai à faire, mais si vous continuez à écrire à ma femme, je saurai bien vous trouver et je vous préviens que vous aurez affaire à moi.

» CAPITAINE BERNARD. »

Saperlipopette! Pour l'honneur de l'arme, un cuirassier ne pouvait se laisser parler sur ce ton-là par un simple chasseur à cheval. Immédiatement j'écrivis du tac au tac :

« Je m'appelle le capitaine Chavoye du 16e cuirassiers, je demeure 57, avenue de Saint-Cloud, au second, la porte à droite, et, même lorsque j'ai eu tort, je suis toujours tout prêt à accepter la responsabilité complète de mes actes. »

A la suite de cette lettre, je croyais recevoir une paire de chasseurs. A ma grande surprise ce fut madame Bernard qui vint sonner à mon second étage. Tout éplorée, elle m'expliqua que son mari n'avait pas lu la dernière missive. Elle l'avait heureusement interceptée, et me supplia de ne pas donner suite à cette affaire qui aurait pour son honneur et sa réputation les conséquences les plus désastreuses. Je me fis un peu prier, pour la forme, mais elle était si jolie, elle paraissait si décidée *à tous les sacrifices* pour étouffer le scandale que je cédai... Elle fit comme moi, et, de ce jour, j'eus une maîtresse exquise; seulement, comme il eût été compromettant pour elle qu'on la vît entrer avenue de Saint-Cloud, il fut convenu que ce serait moi qui irais chez elle, mais seulement à une heure du matin.

— Mais, votre mari?

— Oh, à cette heure-là, il dort à poings fermés, au premier, et ma chambre est au rez-de-chaussée.

Cette heure m'allait admirablement. Comme le Boulevard de la Reine est tout près de la gare Duplessis, je prenais à Paris le train de onze heures et demie, et à une heure je me présentais devant le petit hôtel.

J'entrais par la fenêtre, sans bruit, en faisant un rétablissement sur les mains, et j'étais cueillis par deux beaux bras nus qui m'entraînaient vers le fond de la chambre. O Roméo, O Juliette!... Nuit plus douce que le jour!... En l'espèce, le chant du rossignol était remplacé par un ronflement formidable que j'entendais à l'étage au-dessus, et comme j'avais demandé quel était l'auteur de cette musique insolite :

— Eh bien, m'avait répondu ma douce amie, c'est mon mari, le capitaine Bernard.

Ce pauvre Bernard! J'avoue que je trouvais une espèce de raffinement sadique dans l'idée qu'il était là-haut, dormant sans défiance, et je me le figurais descendant un beau jour, avec ses moustaches et son grand sabre, et nous suprenant en pleines effusions. Ce danger pimentait étrangement nos étreintes, et j'admirais à part moi le courage de cette femme héroïque auquel son amour faisait tout braver.

Or, certain jour, au mess, la conversation étant tombée sur le capitaine Bernard, j'entendis qu'on disait : « Oui, il est à Sidi-bel-Abbès depuis deux ans; et pendant ce temps-là, sa femme en profite pour faire une noce effrénée ». Je sautais sur l'Annuaire. Bernard servait bien au 2e chasseurs, mais c'était aux chasseurs... d'Afrique. Le soir même, je dis à ma bien-aimée :

— Tu sais, décidément, ton mari ronfle trop fort. Il m'ennuie. Je vais aller le réveiller.

Et malgré les supplications de mon amie, je montai au premier, et je trouvai... une grosse cuisinière qui dormait sur le dos et la bouche ouverte. C'était elle le capitaine Bernard, l'enseigne de la maison.

J'ai beaucoup ri et j'ai continué, parbleu, à venir quand même, mais madame Bernard avait eu raison. Du jour où j'ai découvert que c'était simplement une inoffensive cuisinière qui ronflait là-haut, eh bien messieurs... ça n'a plus été aussi bon !

LE COURRIER DU CAPITAINE

> Ah vraiment, monseigneur, nous vivons en des temps bien étranges !...
>
> LA TOUR DE NESLES.

I

Monsieur le vicomte Hercule de Chevremont,
Capitaine-commandant au 31ᵉ cuirassiers,
14, rue de Noailles, Versailles,

Lundi, 3 juillet.

« Mon beau capitaine,

» C'est fini, je ne lutte plus. Je trouve que je vous ai vraiment fait assez souffrir et que l'épreuve a suffisamment duré. Je ne voudrais pas pour rien au monde que vous pussiez me croire capable de coquetterie froide, ainsi que vous me l'avez dit hier au soir, non sans une pointe d'amertume, au bal de la duchesse de Romar. Non, mon ami, pas coquette, pas froide, pas même la curieuse voulant au préalable s'amuser avec votre pauvre cœur comme la chatte avec la souris, mais une *vraie* femme, sachant la douleur exquise de l'attente, de la prolongation du plaisir et ne voulant rien gâter par un abandon trop brusque.

» Voyons, capitaine, voulez-vous être femme une seconde et avouer que ce stage n'a pas été sans douceur ? Vous n'avez rien, mais vous espérez tout ; je vous laissais pour gages certaines privautés : sourires, serrements de mains, longs regards pleins de promesses, rencontres continuelles qui paraissaient être l'effet du hasard, mais qui se renouvelaient si souvent qu'elles finissaient par ressembler terriblement à des rendez-vous.

» N'étiez-vous pas, pendant toute cette saison dernière, celui qui a été invité le plus souvent à mes dîners, à mes raouts, dans ma loge du lundi à l'Opéra, celui avec lequel j'ai le plus dansé, le plus soupé aux petites tables? Ne faisiez-vous pas bien des jaloux?

» Ah! je connaissais votre grand argument, votre cheval de bataille. Vous disiez que ces menus suffrages étaient une cruauté de plus, que vous souffriez mille morts, qu'une situation semblable ne pouvait se prolonger, que vous alliez demander au ministre l'autorisation de partir pour le Soudan et de permuter dans les spahis sénégalais. Et patati. Et patata. Que sais-je? Êtes-vous assez fou, mon pauvre ami!

» Eh bien, voyez comme il ne faut jamais désespérer, comme tout vient à point à qui sait attendre. Mon mari est parti ce matin pour la Châtaigneraye afin de tout préparer avant mon arrivée, et moi je viendrai à Versailles pour vous consacrer toute la journée de demain mardi. J'arriverai par le train de onze heures vingt-cinq. Ne venez pas m'attendre à la gare, avec vos bottes et votre grand sabre, ce serait trop compromettant. Malgré la chaleur je mettrai une voilette bien épaisse, je sauterai légèrement dans un de ces véhicules extraordinaires qui abondent rue Duplessis et dont Versailles a gardé précieusement le monopole, et je me ferai conduire directement chez vous, rue de Noailles.

» Ayez simplement un petit déjeuner froid, que vous me servirez vous-même. Vous savez, de ce temps-ci, on n'a guère faim : n'importe quoi à la gelée, des fruits, un doigt de champagne et quelques cigarettes turques, et je m'estimerai fort satisfaite. Nous déjeunerons tout près, tout près l'un de l'autre, et je ne m'offusquerai pas trop si vous mangez un peu dans mon assiette, et même si vous buvez un peu dans mon verre. Je suis bonne, allez, et je sais excuser les petites erreurs, bien qu'assez susceptible au fond, et très exigeante en fait d'égards dus à ma petite personne.

» Et après le déjeuner, comme il fera très chaud, vous fermerez bien tous les volets, vous tirerez bien toutes les tentures, vous pousserez bien les verrous, et... vous me raconterez tout ce que vous voudrez, ces belles histoires que vous avez sur les lèvres depuis si longtemps! Je les écouterai en fermant les yeux, mon beau désespéré, et la pièce sera si sombre que vous ne me verrez pas rougir.

» Est-ce entendu, monsieur? Ce programme convient-il à mon terrible capitaine? Allons, ne défaillez pas de joie jusqu'à l'arrivée du train, et, en attendant, baisez très respectueusement la menotte que je daigne vous tendre.

» A demain. Dieu que ce sera bon! Tu sais que moi aussi, je t'adore!

» MARGUERITE. »

II

Capitaine de Chevremont (S. M.).

LE COLONEL,

Note confidentielle.

Mardi, 4 juillet, 2 h. du matin.

« Messieurs les capitaines-commandants réuniront immédiatement leurs quatre escadrons, de manière à ce que le boute-selle puisse être sonné dans une heure au plus tard.

» Tenue de campagne, revolver. Les hommes emporteront un repas froid dans les musettes, du café dans les bidons, et deux rations d'avoine dans les sacoches. Les pelotons carrés, à douze files pleines. Si l'on ne peut compléter cet effectif de quatre-vingt-seize cavaliers, faire monter à cheval les ouvriers du peloton hors-rang. Choisir de préférence les chevaux calmes et dont le dressage est complètement terminé.

» *Signé :*

» COLONEL RENAUD-CHAMBARDIER. »

Capitaine de Chevremont

1er Escadron.

4 juillet, 3 heures du matin.

» Monsieur le capitaine de Chevremont marchera avec son escadron en tête du 31e cuirassier et fournira l'avant-garde. Itinéraire : Rue Royale, avenue de Paris, Viroflay, Sèvres, Billancourt, quai de Billy, avenue Montaigne, Palais de l'Industrie. Allure deux kilomètres au trot, un kilomètre au pas. Aussitôt arrivé dans le Palais, on dessellera et les chevaux seront conduits aux écuries sud et nord, côté du pavillon de la Ville de Paris. Les hommes de troupe, et les sous-officiers coucheront dans les bas-côtés du palais ; la paille et les couvertures seront fournies par l'intendance, boulevard de La Tour-Maubourg.

» Les officiers coucheront dans la salle 16, sur des lits de fer. Le colonel sera de sa personne avec les deux chefs d'escadrons dans la salle dite « de l'Impératrice » au premier étage. Le cabinet du docteur sera réservé au général commandant la brigade.

» *Signé :*

» COLONEL RENAUD-CHAMBARDIER. »

4 juillet, 10 heures du matin.

« Le capitaine de Chevremont se portera avec son escadron au trot au carrefour des boulevards Saint-Michel et Saint-Germain. Il enverra des patrouilles, conduites par des brigadiers, qui parcourront au pas les boulevards Saint-Germain et Saint-Michel. Beaucoup d'ordre et de calme.

» *Signé* :

» COLONEL RENAUD-CHAMBARDIER. »

4 juillet, 4 heures.

« *Réquisition*. — Amenez votre escadron devant l'hôpital de la Charité, de manière à appuyer le mouvement de la garde municipale et à dégager complètement les abords de l'hôpital. Marche en bataille au pas, avec le sabre au fourreau.

» GIBARD,

» Commissaire de police. »

4 juillet, 6 heures soir.

« Envoyez immédiatement un peloton de cuirassiers au galop au coin de la rue

Soufflot pour dégager un omnibus Panthéon-Place Courcelles, qui a été renversé par des émeutiers en train d'y mettre le feu.

» CAZENAVE,

» Officier de paix du VIe arrondissement. »

» Envoyez six hommes et un sous-officier place Hôtel-Dieu — on flambe un kiosque.

» Brigadier BRELAND. »

Capitaine de Chevremont

1er Escadron.

4 juillet, 9 heures soir.

LE COLONEL,

« Vos hommes doivent être fatigués. Je vous fais remplacer par le 4e escadron. Passez la consigne au capitaine d'Asonvol, et rentrez au Palais de l'Industrie. Vous me ferez immédiatement votre rapport. On débridera, mais les hommes resteront en tenue et les chevaux sellés.

» COLONEL RENAUD-CHAMBARDIER. »

III

Vicomte Chevremont, 14, rue Noailles,
Versailles.

Versailles de Paris, 5 heures soir.

« Venue comme avais promis par train matin. Chaleur torride. Pris fiacre gare Duplessis. Sonné et resonné 14, Noailles. Trouvé personne, ni maître, ni ordonnance. Porte close. Repartie à jeun, morte de fatigue. Aime ni gens mal élevés, ni mauvaises plaisanteries. Pars ce soir pour Châtaigneraye et ne vous reverrai de ma vie. Adieu.

» MARGUERITE. »

LA JAMBE CASSÉE

... Et comme un monsieur décoré, grand, mince, venait d'entrer au Café de la Guerre, le capitaine Giverny me dit :

— Tiens ! c'est La Briolle ! Il s'est joliment dégourdi depuis Saumur !

Je regardai le nouvel arrivant qui me parut absolument comme tout le monde, mais Giverny continua en riant :

— Oui, oui, nous lui en avons fait des farces à notre pauvre camarade devenu, je ne sais pourquoi, notre tête de Turc. Il en faut toujours une par promotion, et il avait d'ailleurs toutes les qualités requises pour l'emploi. Trop maigre, trop glabre, trop blond... et avec cela, sérieux, travailleur, piochant sa théorie et son hippologie d'une manière ridicule, et s'en allant pour son plaisir travailler sur le Chardonnet. Ah quel type, mon ami, quel type! Et cela ne l'a pas empêché de sortir avec le numéro 1, l'animal, et de nous passer à tous sur le dos. C'est égal, je crois qu'il se souviendra toute sa vie de sa jambe cassée.

— Vous lui aviez cassé la jambe!

— Non, pas tout à fait. Voilà l'histoire :

La Briolle venait d'arriver à Saumur. Je ne sais pas ce qu'on lui avait appris pendant un an à son régiment de dragons, mais il était impossible d'avoir l'air plus *cosaque* que ce grand garçon avec sa tunique dont le col blanc n'en finissait pas, ses culottes trop larges, son képi trop haut campé en arrière, et accentuant encore l'effarement comique de la physionomie. Il avait eu un vrai succès en arrivant au mess le matin, et quand on apprit qu'il s'était logé sur la place même, *afin d'être plus près de l'école*, et de pouvoir perdre le moins de temps possible en route, ce fut un tollé général. Après lui avoir montré les beautés de la ville *Segora* chez les anciens, *Salmurium* en latin moderne, le pont sur la Loire, le château, l'église, la fabrique de boutons, etc... après lui avoir fait faire choix d'une blanchisseuse — la plus rosse que nous ayons pu trouver — on l'emmena dîner, puis on prit le chemin du café des officiers où devait avoir lieu le grand punch de réception. Tout le cadre noir, or et argent était là, et quant à nous, nous avions chambré La Briolle dans un petit coin où nous étions assis à une table avec les lieutenants de Vraincourt, Trainel, Saint-Rambert, Laveline, quatre gaillards qui n'engendrent pas la mélancolie, sans oublier

Fontrannes, le plus joyeux des vétérinaires passés, présents et futurs.

Ah ! je te prie de croire qu'on ne s'ennuyait pas ! La fine avait succédé au café, puis le bock à la fine, puis le punch, puis le bischof, puis la marquise, puis un certain breuvage à moi, appelé *olla podrida*, obtenu en mélangeant dans un même verre toutes les liqueurs connues et inconnues, chartreuse, curaçao, cassis, cherry-brandy, kummel, que sais-je? Après son premier verre d'olla-podrida, La Briolle déjà très parti s'était trouvé complètement pochard. Il avait troqué son air un peu bébête contre l'aspect héroïque, et d'une voix abominablement fausse il chantait des refrains idiots.

Puis ce fut le tour de l'attendrissement, et il nous sanglota les *Cuirassiers de Reischoffen*.

— J'ai souvent vu des élèves gris, disait le commandant de Gevrey avec attendrissement, mais jamais à ce point-là. Il a dépassé « l'état voisin d'ivresse ».

A minuit, la petite fête prit fin, et avec beaucoup de peine nous parvînmes à remettre La Briolle sur ses jambes. On le recoiffa, tant bien que mal, de son képi décalitre, on lui boucla son ceinturon autour du corps, puis, bras dessus bras dessous, au milieu des rires, et avec des oscillations qui nous entraînaient dans une titubation rabelaisienne, nous partîmes tous les cinq à travers les rues en dodelinant de la tête. A un moment donné, le changement du centre de gravité fut si brusque, qu'il nous fut impossible de conserver notre équilibre, et que nous tombâmes tous pile ou face sur La Briolle, en formant une *salade* merveilleuse de cuirassiers, de chasseurs, de dragons et de hussards. C'était un beau spectacle !

— Il aurait pu se casser la jambe, observa cependant de Vraincourt en se relevant.

Cette sage observation fut un trait de lumière pour le vétérinaire Fontrannes, qui s'écria, tandis que nous maintenions La Briolle dans un équilibre instable :

— Au fait, pourquoi ne se serait-il pas cassé la jambe ?

Et immédiatement il ajouta :

— Il faut qu'il se soit cassé la jambe. J'ai mon idée.

Nous n'étions pas à un de ces moments psychologiques où l'on discute le plus ou moins de raison d'un acte. Nous montons notre camarade à sa chambre, nous le déshabillons avec des précautions infinies tandis qu'il continuait à nous chanter les *Cuirassiers de Reischoffen* — ça c'était vraiment très embêtant — puis quand il fut bien et dûment couché, Fontrannes nous dit :

— Messieurs, j'ai la douleur de vous annoncer que le pauvre La Briolle a une fracture du tibia et du péroné. Nous allons corriger le déplacement et maintenir la fracture réduite à l'aide d'une gouttière plâtrée. Laissez-moi faire.

Et le voilà qui revient avec l'appareil de Chaix au complet. Avec de la tarlatane à quinze d'épaisseur, il constitue la gouttière, puis il prépare une bouillie plâtrée dans la cuvette, cinq verres d'eau pour cinq verres de plâtre. Nous travaillons tous au mélange ; Saint-Rambert surtout triturait merveilleusement, et lorsque la bouillie eut la consistance de la crème douce — ma parole, on en aurait mangé — nous trempons la tarlatane à quinze d'épaisseur dans la bouillie blanche et nous l'appliquons sur la jambe de La Briolle. Il y eut un moment d'hésitation entre la jambe droite et la jambe gauche, mais Fontrannes se décida pour la jambe gauche parce que c'était le côté montoir.

Il maintint solidement la gouttière avec une bande de tarlatane humide ; pendant ce temps, Laveline partit en toute hâte dans le vieux quartier chercher une garde-malade. Il revint bientôt avec la mère Barbotan, une vieille femme extraordinaire qui avait la spécialité des accouchements et des veillées funèbres. Elle avait des lunettes énormes, une perruque en soie violette, et un bonnet à rubans, genre Charlotte Corday. On installa la mère Barbotan au chevet du malade, en lui expliquant que La Briolle, étant complètement saoul, s'était cassé la jambe en sortant du café. Il ne s'agissait d'ailleurs que d'une fracture simple, et l'on pouvait espérer la consolidation du péroné dans une quarantaine de jours.

Puis Fontrannes toujours imperturbable, abusant de son collet de velours grenat qui hypnotisait la mère Barbotan, signa une ordonnance prescrivant la diète la plus sévère et n'autorisant que quelques tasses de bourrache bien bouillante.

Le lendemain était un dimanche. Vers le matin La Briolle sortit de son ivresse et fut fort étonné d'apercevoir la fantastique compagne qui tricotait des bas à son chevet;

mais sa stupéfaction augmenta lorsqu'il sentit sa jambe gauche enserrée dans la gouttière. D'une voix pâteuse, il demanda des explications.

— Vous vous êtes cassé la jambe hier au soir après la réception, répondit la mère Barbotan. Voilà ce que c'est que de ne pas être raisonnable... heureusement que ce n'est qu'une fracture simple, mais vous en avez tout de même pour six semaines.

— Allons bon ! s'écria La Briolle désespéré. Quelle déveine ! Tout mon cours va se trouver compromis !

— Chut ! ne bougez pas. On a recommandé le calme. Tenez, buvez de la tisane.

Pendant toute l'après-midi, ce fut un défilé de camarades venant apporter leurs condoléances au pauvre malade. Pour couper court à ses lamentations, on lui faisait avaler de la bourrache. On l'inonda ainsi de bourrache, mais malgré ses supplications, la mère Barbotan inflexible, ne voulut rien lui donner à manger. Il n'avait pas soif, mais il crevait de faim.

Et puis voilà que le lundi matin, à cinq heures, nous arrivons dans la chambre de La Briolle, en lui criant :

— Comment, pas encore levé ! Tu vas manquer le manège et attraper des arrêts ! Allons, oust, paresseux ! Hors du lit.

— Mais je ne peux pas ! gémit le malheureux. Vous savez bien que j'ai la jambe cassée !

Nous n'écoutons rien, nous nous précipitons sur le malade, nous arrachons la gouttière, tandis que La Briolle terrifié se cramponnait aux draps et que la mère Barbotan, la perruque de travers et son bonnet à la diable, poussait des cris déchirants et voulait s'interposer, en nous traitant de cannibales. En deux secondes le malade est jeté à bas du lit. Nous l'habillons de force, et malgré ses supplications nous l'entraînons vers l'école ; il boitait lamentablement, n'osant poser à terre sa jambe raidie par l'immobilité, ankylosée par le plâtre. Il arriva à temps pour la reprise du manège, et l'écuyer prévenu lui conseilla de monter quand même à cheval, lui affirmant que le trot à la française, sans étrier, était souverain pour les fractures. En effet, à la deuxième volte, il était guéri.

... Et tandis que Giverny me racontait toutes ces folies, égayé par ces souvenirs de jeunesse, je vis La Briolle très correct qui payait sa consommation et sortait, après avoir envoyé à son tortionnaire un bon sourire sans rancune et un salut de la main.

Chose bizarre : il ne boitait pas du tout.

INFANTERIE OU CAVALERIE?

L'autre soir, après dîner, nous causions, au mess, des dernier incidents de Saint-Cyr, les uns blâmant, les autres approuvant la mesure qui avait renvoyé dans l'infanterie les cavaliers ayant une vue insuffisante.

— Il est de fait, dit Balleroy, que la cavalerie doit être l'*œil* de l'armée; par conséquent, à mon humble avis, tous ces officiers qui ne peuvent se mouvoir sans avoir le lorgnon vissé au képi ou le binocle sur le nez devraient être réformés ou versés dans l'infanterie. Comment voulez-vous que ces malheureux exécutent convenablement un service d'éclaireurs ou de reconnaissances, alors qu'ils ne voient pas la pointe de leur botte? Dernièrement, aux grandes manœuvres, j'ai vu tel officier d'ordonnance que je ne nommerai pas, chargé de porter au galop un ordre d'évolution aux deux colonels de la brigade, dégringoler avec sa monture dans une énorme mare, cependant très visible et dont il n'avait pas constaté l'existence.

— Messieurs, intervint le colonel Miraumont, croyez bien qu'il faut également de bons yeux dans l'infanterie. On n'a pas toujours de la cavalerie pour s'éclairer, et, en tout cas, il reste à régler la hausse pour le tir, question capitale. Moi j'ai tout simplement été versé dans l'infanterie, non pas parce que j'avais mauvaise vue, car, Dieu merci, je distingue les plus menus détails du terrain à des distances considérables, mais tout simplement... parce que j'aimais trop les nourrices.

Il y eut une explosion de rire dans la salle; puis on cria à la ronde :

— Contez-nous ça, colonel! contez-nous ça!

— Je veux bien, messieurs : pour un militaire, parler de Saint-Cyr, c'est relire les pages de sa jeunesse : par conséquent, c'est toujours bon.

De mon temps, c'est-à-dire vers la fin du second Empire, les élèves de première année, les *melons* si vous voulez, s'inscrivaient immédiatement pour la cavalerie. Or, sur ma promotion, il y avait cent six candidats pour cinquante-sept places, car nous ne possédions alors que cinquante-sept régiments de cette arme spéciale. Chaque jour, on passait des examens au manège sur des chevaux de carrière dressés à être féroces, et tous ceux qui roulaient dans la poussière avaient l'honneur, comme leur disaient ironiquement leurs anciens, de *monter* dans l'infanterie.

Fantassin! C'est absurde, mais je n'admettais pas l'officier d'infanterie. Depuis, mes idées ont bien changé; mais j'étais jeune, et puis, dans ce temps-là, les uniformes de la cavalerie étaient si élégants! Je me voyais en spencer à tresses, et non en tunique à collet jaune. On a ses idées.

Au reste, le règlement était beaucoup plus sévère qu'aujourd'hui. Nous entrions au commencement d'octobre et nous n'avions pas de sortie avant Noël. Total : deux grands mois et demi à rester entre les murs du bahut, avec la seule perspective de la cour Wagram ou du petit bois de madame de Maintenon. Je ne sais quel effet produisait cette séquestration sur les potaches dressés à l'emprisonnement des collèges; mais, pour moi, habitué à la liberté relative de l'externat, l'un des flâneurs les plus assidus du passage du Havre avant le cours du lycée Bonaparte, la privation de la femme était atroce. Et ne croyez pas que dans ce regret formulé il y eût aucun érotisme; non, en dépit de mes dix-neuf ans bien sonnés, j'étais encore relativement chaste. Mais ce qu'il me fallait absolument, sous peine de tomber dans une mélancolie profonde, c'était la *vue* de la femme, c'était la contemplation d'un sexe différent du mien. Élevé chez ma mère, dans un milieu élégant, parmi le froufrou des jupes, le bruissement des soies, le parfum des dentelles, j'étais devenu, à mon insu, féministe au plus haut degré. J'avais besoin de la société de la femme, comme d'autres ont besoin de pain pour vivre. Qu'elle fût, d'ailleurs, duchesse ou blanchisseuse, peu m'importait, pourvu que le teint fût blanc, le profil délicat et que le torse, moulé par l'étoffe de satin ou de simple indienne, pût évoquer dans mon imagination ces images agréables dans lesquelles je me complaisais. Un corsage bien rempli surtout avait le don de me mettre en joie, et, comme classification sociale, j'avais les idées les plus éclectiques.

Or il y avait près de cinq semaines que je n'avais pas mis le nez dehors, et la hantise du jupon tournait à l'idée fixe. Si j'avais pu être placé en sentinelle devant la porte, *à l'avancée*, peut-être aurais-je eu la chance de voir passer quelque fillette dans la rue de Saint-Cyr-l'École. Mais les melons n'étaient pas commandés de garde. Oh ! les horribles leçons de danse, pendant lesquelles le petit bonhomme qu'on appelait le « père Vestris » nous disait, en brandissant sa pochette :

— Attention, messieurs : en place pour la polka. *Les dames conserveront leur képi.*

J'étais donc très triste, d'une tristesse noire. Il me semblait que j'avais commis quelque forfait et que, pour ma punition, j'étais désormais destiné à vivre éternellement au milieu de camarades en plein âge ingrat, vêtus de pantalons garances à bande bleue et d'affreuses fausses manches matriculées de numéros, comme des forçats, lorsque, tout à coup, une nouvelle se répandit. Le général de Gondrecourt, notre directeur, avait reçu du maréchal Randon, alors ministre de la guerre, l'ordre de nous faire tous vacciner, une épidémie de variole ayant tout à coup sévi, comme celle qui vient d'inquiéter les Parisiens. Une note insérée au rapport nous prévenait que le médecin-major, notre *toubib*, vaccinerait, le lendemain matin, dans la salle des jeux, grâce à douze nourrices venues avec leurs nourrissons et pratiquerait sur nos bras une opération salutaire.

Douze nourrices! Demain, il y aurait dans l'école douze nourrices! Et je les verrais toutes les douze! Dans mon petit lit du dortoir de Balaklava, je m'endormis, bercé par les idées les plus riantes. Les nounous m'apparaissaient comme des houris, au milieu de jardins embaumés, et berçant leur poupard parmi les lilas et les roses!...

J'ai été à de nombreux rendez-vous dans

ma vie : eh bien, messieurs, jamais, je l'avoue, je n'ai éprouvé une émotion semblable à celle que je ressentis lorsque, sur l'appel de l'adjudant Brulard, la huitième compagnie se mit à descendre le grand escalier pour se rendre à la salle des jeux — la terre promise. Mon cœur battait à tout rompre à l'idée que j'allais enfin revoir des femmes, de vraies femmes ! !

Dès la porte, je restai comme médusé et pétrifié d'admiration. Elles étaient là, rangées sur un rang, les douze nounous, de solides paysannes, dont le profil n'avait peut-être pas la régularité classique, mais fraiches, jeunes, appétissantes, avec des gorges opulentes qui bombaient en parade sous le fichu croisé, comme la Liberté aux robustes mamelles chantée par Barbier dans ses *Iambes*. Il y en avait surtout une, très brune, avec des bandeaux très épais sous sa coiffe, qui, sans vergogne, avait, pour allaiter son marmot, sorti un globe merveilleux, immense, blanc, satiné! Envahi par une béatitude indéfinissable, je contemplais ces rondeurs, regrettant de ne plus être un petit enfant pour avoir le droit de les pétrir de mes mains et d'y reposer ma tête, lorsque, tout à coup le toubib me cria :

— Eh bien, monsieur Bazar, quand vous voudrez!

Il m'attendait avec sa lancette, lisant sans doute, en philosophe, mes pensées secrètes et me regardant avec des petits yeux goguenards. Il me sembla que je sortais d'un rêve aphrodisiaque et fou... Je m'empressai de retirer ma tunique, et, comme je m'apprêtais à retrousser la manche de ma chemise, il me dit :

— Fantassin ou cavalier?

— Élève cavalier.

— Alors, je vais vous vacciner au bras droit, afin que vous conserviez l'usage de la main de la bride. Si, au contraire, vous étiez fantassin, je vous vaccinerais au bras gauche, afin de ne pas vous gêner pour l'exercice du fusil. Vous comprenez?

— Oui, monsieur le major.

Pendant l'opération, je regardais toujours la grande brune, qui s'était mise à sourire sous mon œil enflammé. Il doit y avoir certainement une corrélation mystérieuse entre le simple soldat et la nourrice, car, aussitôt, j'avais reçu le coup de foudre, et j'étais tellement hypnotisé que je ne sentis même pas le bistouri entrer par trois fois dans ma chair pour y faire une incision cruciale. Tels autrefois les martyrs de l'ancienne Rome anesthésiés par la foi, ne sentaient plus les crocs des lions. Je fus tiré de mon extase par la voix de l'adjudant Brulard qui me criait :

— Allons! Débarrassez la place. A un autre!

Je sortis de la salle, brûlé du désir de voir ma nounou, ne fût-ce qu'une seconde! Et, tout à coup, il me vint l'idée, après avoir été vacciné au bras droit, comme cavalier, de me faire revacciner au bras gauche comme fantassin. En somme, nous nous ressemblons tous, et il y avait de grandes chances pour que le toubib n'y vît que du feu. Je pris donc la gauche des *bifins*, beaucoup plus nombreux que les cavaliers, et, lorsque je me retrouvai devant le major, je lui tendis bravement mon bras intact, en disant : « Fantassin ».

Et je plongeai à nouveau mes yeux dans ceux de la belle fille, qui me reconnut et devint pourpre.

... Seulement, le lendemain, à la reprise de manège, lorsque je me trouvai en selle sur la Didon, une jument terrible, avec mes deux bras engourdis et comme paralysés par une douleur lancinante, je sentis bien vite que je n'irais pas loin. C'est à peine si je pouvais tenir les rênes. Au second changement de main, Didon fit un écart, et je roulai lamentablement dans la poussière.

— Encore un pour l'infanterie, cria le lieutenant-écuyer, en prenant mon nom. Monsieur, vous pouvez vous retirer.

Voilà pourquoi, messieurs, au lieu d'être un fringant hussard, j'ai été simplement un modeste fantabos. Et tout cela pour l'amour d'une grosse nourrice!

LE GRAND-DUC

L'autre soir, au cercle, on parlait du grand-duc ; on vantait son amabilité, sa courtoisie, cette simplicité pleine de bonhomie qui dénotait si bien le vrai gentilhomme, lorsque Pontades, entrant, s'écria :

— Vous parlez du grand-duc ? Il lui est arrivé hier une bonne histoire chez le général Puymoreau.

— Une histoire au grand-duc ; c'est tout à fait de l'actualité. Contez-nous ça, cria-t-on à la ronde.

— Eh bien, messieurs, Puymoreau avait

invité le grand-duc à dîner. Bien qu'à la retraite, le brave général pense qu'on peut encore servir son pays en entretenant l'alliance russe, et qu'une *darne de saumon à la Daumont*, ou encore un *braconnage de chevreuil à la baronne*, peuvent faire, pour l'amitié des deux peuples frères, beaucoup plus qu'une foule de conférences diplomatiques.

Aussi, ayant rencontré le grand-duc au foyer de la danse le soir de la première à l'Opéra, le général profita d'un intermède de conversation entre la Laus et Torri et fit militairement son invitation, disant que la comtesse de Puymoreau serait si fière, si flattée, si heureuse ! Précisément son hôtel étant rue Volney, à deux pas de la place Vendôme, le prince pourrait venir en voisin. Il trouverait chez lui, à sa table, les chefs les plus en vue de l'armée française ; c'est lui dire si l'accueil serait cordial et enthousiaste ; bref, le grand-duc accepta.

Il tombait une brume épaisse qui eût rappelé le tableau de la *Cigale*, où le peintre Marignan avait peint simplement sur un fond gris un petit eustache pour prouver que le brouillard était à couper au couteau. Le grand-duc, par-dessus son habit noir décoré du ruban de la Légion d'honneur, endossa une espèce de pelisse fourrée, vêtement moitié civil, moitié militaire, avec une patte dans le dos et un grand collet pouvant se relever jusqu'aux oreilles; puis, les mains dans les poches, il sortit de l'hôtel et partit à pied pour la rue Volney.

Sans doute avait-il mal calculé la distance; car en passant devant le cercle de « la Crèmerie », il s'aperçut qu'il n'était encore à l'horloge que sept heures un quart. D'ailleurs, le va-et-vient du personnel : fleuristes apportant des corbeilles de roses, pâtissiers accourant avec des mannes sur la tête, glaciers débarquant des pièces montées; prouvaient que les préparatifs de la fête n'étaient pas encore terminés, et qu'il valait mieux attendre un moment avant d'entrer.

Le grand-duc alluma philosophiquement une cigarette et se mit à faire les cent pas devant l'hôtel brillamment illuminé. Tandis qu'il arpentait ainsi la rue Volney, il eut le plaisir de voir les clubmen d'en face qui venaient un à un au cercle pour y déguster le fameux dîner à quatre francs, et la joie plus délicate de saluer au passage la gracieuse mademoiselle du Minil partant en coupé pour la Comédie-Française.

— J'attendrai, pensait le prince, que quelque haut personnage m'ait précédé ; comme cela, je serai sûr de ne pas arriver trop tôt, comme le baron de Gondremark, et de ne pas être indiscret.

Tout à coup, comme il repassait pour la dixième fois devant la porte des Puymoreau, celle-ci s'ouvrit, et vaguement estompée dans le brouillard, le prince aperçut la silhouette d'une grosse cuisinière en bonnet blanc.

Celle-ci courut à lui.

— Sauve-toi, mon mignon, sauve-toi ! Impossible de nous voir ce soir. Mes maîtres donnent un dîner tra-la-la où le grand-duc est attendu, et je suis dans mon coup de feu. Mais ne pleure pas. Je te promets que nous nous rattraperons demain soir, — et ferme ! En attendant, prends toujours ceci. Je te mettrai de côté des rogatons. A demain !

Là-dessus, elle lui glissa sous le bras un petit paquet dans un journal, puis elle appliqua sur les lèvres du prince un baiser gluant des plus intimes, un baiser laissant sur la langue comme une saveur d'oignon, et se sauva avant que le prince, ahuri, fût revenu de sa stupeur.

Il cracha à terre, s'essuya la moustache avec son mouchoir, ne s'attendant guère à un semblable apéritif, puis il s'approcha d'un réverbère et déplia le petit paquet. Il y trouva un restant de côtelette de porc, une aile de faisan et vingt-quatre sous soigneusement enveloppés dans un bout de papier. Le prince avait eu, dans sa vie, bien des aventures, mais jamais une de ce genre. Certes, il savait de quelle popularité il jouissait à Paris, même dans le bas peuple; cependant la conquête de cette cuisinière inconnue le rendait rêveur. Pourquoi l'appelait-elle *mon mignon ?* Sans doute une expression qui doit rappeler *mon petit père*, en Russie. Pourquoi lui donnait-elle rendez-vous pour le lendemain ? Et maintenant qu'allait-il faire de sa côtelette de porc, de son aile de faisan et de ses vingt-quatre sous, résultat probablement de quelque danse du panier éminemment française ?...

Le grand-duc en était là de ses réflexions, lorsqu'il aperçut, se profilant dans le brouillard, un soldat d'artillerie qui, enveloppé dans sa grande capote sombre, s'était mis lui aussi, à monter la garde, tout en jetant de temps à autre un regard inquiet vers les fenêtres de l'hôtel Puymoreau.

— Tiens, tiens, pensa le prince, serait-ce celui-là le vrai Roméo, dont j'aurais pris inconsciemment la place ?

Il héla :

— Hé, mon brave !

— Monsieur ? demanda l'artilleur en faisant le salut militaire.

— Est-ce que vous ne connaîtriez pas par hasard une cuisinière qui demeure chez le général de Puymoreau ?

— Victoire ?

— C'est possible qu'elle s'appelle Victoire. Elle est blonde et plutôt grassouillette.

— Écoutez, je vais vous dire. C'est une payse à moi. Nous sommes tous les deux de la Creuse, alors, je l'ai rencontrée au marché de l'Alma, un matin, et nous avons causé... Mais il ne faudrait pas que ses bourgeois l. sachent, vous comprenez. Un général ! Il me ferait fourrer au bloc, ça ne ferait pas un pli.

— Je comprends ça. Eh bien, Victoire,

puisque Victoire il y a, m'a chargé d'une commission pour vous. Elle ne peut pas vous voir ce soir, parce qu'il y a un grand diner chez ses maitres.

— Nom de nom, de nom ! Ça, c'est du guignon. J'avais justement la permission de dix heures.

— Mais elle vous gardera des rogatons.

— Ah !

— Puis elle vous attendra demain, et il parait que vous rattraperez le temps perdu et ferme. Je vous cite ses propres paroles.

— Bon, fit l'artilleur un peu rasséréné.

— Ce n'est pas fini. Elle m'a confié quelque chose pour vous.

Et le grand-duc remit le petit paquet. L'artilleur défit le journal, compta les vingt-quatre sous, fourra la somme dans la poche droite de son pantalon basané, et dans la poche gauche le restant de porc et l'aile de faisan réenveloppés. Était-ce l'argent ? Étaient-ce les victuailles ? En tout cas le brave troupier paraissait complètement consolé de l'absence de sa belle, et avec un large sourire qui perçait sous sa moustache rousse, il dit :

— Eh bien, puisque vous connaissez Victoire, remerciez-la pour moi.

— Attendez !... fit le grand-duc, se rappelant le baiser qu'il avait indûment perçu.

— Il y a encore quelque chose !

— Oui, mais ce cadeau-là... il m'est absolument impossible, malgré toute ma bonne volonté, de vous le remettre ; et à mon grand regret, je suis obligé de le garder pour moi.

— Gardez, gardez, risposta le militaire avec condescendance ; ce sera pour votre peine, et puis, voyez-vous, moi, pour aujourd'hui j'ai ma suffisance. Ah, mâtine de Victoire. Voilà une femme ! Je vous prie de croire qu'elle ne s'embêtera pas demain soir, ni moi non plus. Bonsoir, bourgeois

— Bonsoir, mon brave.

Et comme plusieurs voitures venaient de s'arêter devant la porte, le grand-duc se décida à entrer chez le général de Puymoreau, tout en songeant à cette mâtine de Victoire et se disant comme Titus, qu'il n'avait pas perdu sa soirée.

LA BRANDADE

... Et, comme nous dégustions avec un respect attendri le merveilleux menu maigre que le cuisinier du cercle avait su combiner pour le dîner du vendredi saint, le petit lieutenant des Esbroufettes, qui arrivait, tout poussiéreux, de Versailles, nous dit, en poussant un profond soupir :

— Voilà tout le mal que ça vous donne à vous autres, le vendredi saint! Il y a des gens qui ne se sont donné que la peine de naître. Vous, vous n'avez que celle de vous mettre à table.

— Ah çà ! des Esbroufettes, demanda sévèrement le prince Palatoff, deviendriez-vous, par hasard, anarchiste ?

— Non, je n'en suis pas encore à la bombe, ni au beau geste ; mais, tout de même, je suis bien embêté.

— Qu'est-ce qui vous arrive ?

— Eh bien, jeudi matin, comme je passais à cheval sur la place d'Armes, Giverny, mon capitaine commandant, me hèle :

» — Des Esbroufettes ! je pars pour Pâques en permission de huit jours. Comme de Belière, le capitaine en second, est détaché à l'état-major d'armée, c'est vous qui commanderez l'escadron pendant mon absence.

» — Bien, mon capitaine. (Je n'étais nullement satisfait de cette tuile ; mais la discipline faisant la force principale des armées, je n'avais qu'à répondre : « Bien, mon capitaine. »)

» — Et, continua Giverny, n'oubliez pas

le maigre du vendredi saint. J'ai déjà fait acheter de la morue. Vous veillerez à ce que les cuisiniers la mettent à dessaler dans les baquets. Enfin, vous vous arrangerez avec le maréchal des logis chef. Surtout, ne grevez pas trop mon boni des ordinaires.

» — Bien, mon capitaine. »

Dans les conversations militaires de supérieur à inférieur, cette phrase est comme le *Leitmotiv* des opéras wagnériens. Et je vis mon chef hiérarchique, léger et hilare, heureux d'abandonner pour quelques jours le fardeau du pouvoir, enfiler l'avenue de Saint-Cloud au petit galop de chasse.

» — Adieu, des Esbroufettes, adieu, et n'oubliez pas d'assister ce matin, à ma place, au rapport du colonel.

Ça, c'était le trait du Parthe. Ça me rappelle que le vétérinaire en second emportait toujours un biscuit en se levant de table, et nous appelions cela le « biscuit *du Parthe* ». Or le brave vétérinaire avait compris le « biscuit *du parc* » parce qu'il le grignotait en s'en allant dans les allées. Bref, je renonçai à ma promenade à cheval, qui, par ce beau temps ensoleillé, eût été délicieuse du côté du Petit-Trianon. Tous les cavaliers me comprendront.

J'entre, assez maussade, dans la salle du rapport, où se trouvaient déjà réunis, les capitaines des quatre autres escadrons — ils n'allaient pas en permission, ceux-là, les braves gens! — et je me glisse modestement près de la table, en disant :

» — Je remplace le capitaine Giverny, parti en permission.

Le colonel expédie les affaires courantes, signe je ne sais combien de paperasses diverses que lui tendait le major avec des gestes arrondis, puis, quand tout est terminé, il nous dit :

» — A propos, messieurs, demain les

hommes font maigre. Vous avez acheté de la morue?

Les quatre capitaines opinèrent de la tête, tandis que moi, je répondais avec conviction :

» — J'ai acheté de la morue.

» — Et comment allez-vous la préparer, cette morue, dans vos escadrons?

Cette question, cependant si simple, me causa une sueur froide. Je sors de l'école supérieure de guerre : j'ai la tête farcie de tactique et de stratégie; j'ai pâli sur les œuvres du général Roth de Schickenstein (rien que prononcer le nom est déjà une difficulté); Jomini, La Roche-Aymond, de Brack n'ont plus de secret pour moi. Mais, je l'avoue, je ne possède aucune notion sur une manière, même très vague, d'accommoder la morue. Si le colonel avait commencé par la gauche, ma situation eût été atroce; mais j'eus la chance qu'il commença par la droite, et le capitaine Brulard, du 1er, prit la parole. C'était un gros rougeaud, tout chauve, avec une moustache rousse tombant à la Vercingétorix.

» — Mon Dieu, mon colonel, commença-t-il, je fais ma morue simplement au beurre et aux pommes de terre. Je commence par bien la dessaler; il me faut douze heures pour cette opération : six heures à l'eau tiède et six heures à l'eau froide, et je fais changer l'eau quatre fois...

» — Moi, je replonge encore un quart d'heure dans l'eau chaude, insinua le capitaine du 2e.

» — Vous parlerez à votre tour, interrompit le colonel.

Le gros Brulard continua :

» — ... Je place chaque morceau de morue d'environ un kilo dans la grande marmite, remplie d'eau. Je mets l'eau sur le feu, et je retire immédiatement après le premier bouillon, j'égoutte et je couvre chaque morceau avec deux hectos de beurre fondu. J'ajoute une demi-pincée de sel et je garnis avec des pommes de terre cuites à l'eau et épluchées. C'est très bon marché.

» — Oui, mais c'est fadasse, tonna le capitaine du 3e, un grand sec, qui avait l'air terrible.

» — Moi, commença le capitaine du 2e, j'obtiens un bien meilleur résultat avec ma morue à la sauce béchamel.

» — Expliquez-nous ça, fit le colonel très intéressé.

» — Je fais dessaler à peu près comme Brulard; mais où je me sépare de lui, radicalement, c'est quand je fais une sauce blanche avec trois cents grammes de farine et trois cents grammes de beurre, que je fais tourner sur le feu dans une gamelle jusqu'au premier bouillon. Pour que le mélange arrive à la consistance voulue, il faut que le dos de la cuiller soit recouvert d'une couche de deux millimètres. De cette manière, je romps bien mieux la monotonie de l'éternelle soupe et bœuf.

» — Et, au 3e escadron, comment faites-vous ?

» — Moi, je fais un fritot.

Ceci ouvrait un horizon nouveau.

» — Comment ? un fritot, s'écria-t-on à la ronde.

» — Parfaitement. Quand ma morue a été dessalée, je mets dans ma grande marmite trois kilogrammes d'oignons, que j'écrase à mesure qu'ils cuisent, pour vingt kilogrammes de morue. Je roule les morceaux dans la farine et je fais frire à un feu modéré. Pas besoin de saler cette friture, la morue l'étant toujours assez.

» — C'est absurde !

» — La sauce est plus nourrissante !

» — Mais j'économise le sel !

» — Et vos oignons ? Vous oubliez vos oignons écrasés.

» — Messieurs, un peu de calme, dit le

colonel. Voilà monsieur des Esbroufettes qui va nous donner son avis.

Il se fit un profond silence, et le lieutenant-colonel, le major, les quatre capitaines et les cinq maréchaux des logis chefs se tournèrent vers moi. J'aurais voulu me trouver très loin, car, à vrai dire, j'avais écouté les trois systèmes de toutes mes oreilles, mais je n'avais pas très bien compris. Aussi, à tout hasard, je lançai bravement :

» — Moi, je sers une brandade... une excellente brandade de morue.

» — Ah! ah! Et comment l'obtenez-vous, cette brandade?

Alors, avec volubilité, j'expliquai une cuisine insensée, mélangeant le fritot et la béchamel, écrasant des oignons avec de la friture, versant sur le tout une sauce blanche avec des pommes de terre, que je transvasais de la grande gamelle dans la petite marmite. C'était horrible! En vain, on voulut m'imposer silence, avec des prostestations indignées : je défendis mon plat avec véhémence, je tins bon, accumulant et rajoutant les ingrédients les plus hétéroclites...

» — C'est bon, messieurs, dit enfin le colonel, ahuri par ma faconde. Je passerai, ce soir, à cinq heures, au quartier, je goûterai vos divers systèmes et je jugerai.

Que voulez-vous? J'avais promis une brandade : il me fallait absolument une brandade. Éperdu, je courus rue Duplessis, au restaurant Brenu, l'endroit où j'ai l'habitude de faire mes petites fêtes quand Liane vient me voir pendant ma semaine, et, expliquant mon cas au patron, je lui demandai de m'envoyer, moyennant un louis, son chef pour diriger mes cuisiniers-dragons dans la confection de cette fameuse brandade.

Il me le fournit. Le travail mystérieux dura toute l'après-midi, et, le soir, les cent vingt cavaliers du 4e se virent servir une espèce de crème-ivoire, parfumée et douce comme un baiser de femme, dressée en rocher et garnie de croûtons et de truffes. C'était si bon, si délicieux que le colonel, émerveillé, me pria de lui en envoyer une portion chez lui, afin qu'il en fit goûter à sa femme.

Seulement (il y a un « seulement » hélas !) quand le maréchal des logis chef est venu m'apporter le cahier des ordinaires, j'ai constaté avec terreur que la crème double, l'huile d'olive, l'ail pilé, le cognac, les truffes, etc., etc., avaient grevé le « boni » de cent cinquante francs ! Les économies de tout l'hiver, qu'on réservait pour acheter du vin à l'époque des grandes manœuvres ! Que va dire à son retour le capitaine Giverny ? Bah ! je le laisserai formuler sa pensée, sa pensée tout entière et sans voiles, et, quand il m'aura dit ce qu'il a sur le cœur, une fois de plus, j'ajouterai avec résignation :

» — Bien, mon capitaine.

C'est égal. J'en suis malade !

... Et, pour se consoler sans doute le pauvre des Esbroufettes reprit pour la troisième fois du vol-au-vent de saumon Lucullus.

LE COLONEL RUBAS

... Je l'ai revu l'autre jour, le brave général Rubas, celui que nous avions surnommé Rubas du Rampart, nous dit le commandant Giverny. C'était à la fête des ombres donnée pour le centenaire de l'École polytechnique. Toujours l'air aussi peu militaire que possible, avec ses longs cheveux blancs, sa barbiche tombante, ses yeux clignotants sous les lunettes à branches d'or.

Jamais colonel du génie ne fut plus malheureux de faire un cours de *forti* devant la turbulente jeunesse. On eût dit Daniel descendant dans la fosse aux lions. C'était, en effet, un savant, un simple savant placide et bon, ayant horreur du panache, vivant entre ses livres, *son* tableau *noir* et sa bibliothèque et qui paraissait absolument déguisé lorsque les besoins du service l'obligeaient à s'affubler d'épaulettes, d'éperons et d'un grand sabre qui lui battait dans les jambes.

Oh! les fascines qu'on lui dérobait tandis qu'il dessinait à la craie le profil d'un fortin! On se passait le fagot de main en main dans l'amphithéâtre, et personne ne prenait plus de notes, occupé qu'on était à suivre le voyage ascensionnel le long des gradins. *Quo non ascendam?* disait le surintendant Fouquet. Le colonel Rubas entendait les rires étouffés; mais, pour ne pas sévir, il s'absorbait dans le tracé de sa contrescarpe, jusqu'au moment où, le dessin terminé, il ne retrouvait plus son fagot.

Alors c'était un véritable désespoir. Il ajustait ses lunettes et ronchonnait :

— C'est extraordinaire !... il y avait là, sur la table, une fascine... Je suis absolument sûr d'être venu avec une fascine. Où est ma fascine ? Messieurs, vous n'auriez pas vu, *par hasard*, une fascine ?

Et les élèves se tordaient :

Que voulez-vous ? cet âge est sans pitié.

Quant à moi, étant capitaine à Versailles, j'avais retrouvé le colonel comme major de la garnison, et une fantaisie du général commandant la subdivision m'avait détaché de mon régiment pour me mettre sous les ordres directs de Rubas, en qualité d'adjudant de place.

Ce n'était pas autrement désagréable comme service, mais il y avait un inconvénient. Non seulement il fallait se trouver tous les matins au bureau à huit heures, mais on ne devait jamais découcher de la garnison ; or, pour toutes sortes de bonnes raisons, je désirais coucher le plus souvent possible à Paris. J'avais touché un mot de cette situation au major en arguant que tous mes camarades de régiment avaient, à cet égard, les plus grandes facilités. Rubas avait ouvert sur moi un œil étonné et candide et m'avait dit :

— Mais expliquez-moi pourquoi, ayant votre domicile à Versailles, rue de Noailles, où vous êtes très coquettement installé, vous pouvez avoir besoin de coucher à Paris ?

Il avait l'air tellement éloigné de l'idée qu'un capitaine pût avoir une maitresse que je n'osai vraiment pas effaroucher sa vertu par l'étalage de mes vices, et je balbutiai :

— Mais j'ai ma famille à Paris; j'ai des relations, beaucoup de relations mondaines; ma mère veut me marier... et, bien souvent, les bals finissent après le dernier train de minuit quarante.

— Oh! capitaine, ce que vous me

demandez là est impossible. Il faut que vous soyez à votre poste. Songez donc, s'il y avait un incendie.

— Mon colonel, il n'y a pas d'incendie la nuit à Versailles depuis 1857.

— Mais il peut y en avoir. Non, non, c'est impossible.

Alors, devant ce refus, voilà ce que j'avais imaginé : Quand ma petite amie (comment s'appelait-elle donc déjà? Lili ou Totoche? Je crois que c'était Totoche) avait absolument voulu me retenir, je prenais, le lendemain, le train de sept heures, — il n'y en avait pas avant — qui arrivait à Versailles à sept heures cinquante. Je me précipitais dans l'arrière-boutique du restaurant Brenu, où mon ordonnance avait ma tenue militaire toute prête étalée sur le billard; puis, métamorphosé en cinq minutes, botté, ficelé, sanglé, je sautais à cheval et je prenais, au galop de charge, le chemin de l'avenue de Paris, afin d'arriver au bureau à huit heures tapant pour le rapport. Là, le soldat de piquet tenait ma monture par la bride jusqu'à ce que mon ordonnance fût arrivée de chez Brenu.

Cela n'était pas sans causer une certaine surprise à Rubas, qui me disait, avec une nuance de soupçon :

— Pourquoi prenez-vous un cheval pour venir de la rue de Noailles ici? C'est à deux pas.

— Mon colonel, j'adore le cheval.

— Vous aimez le cheval! Ah! que c'est drôle! Voilà une chose que je n'ai jamais pu comprendre.

Dans la journée, j'étais chargé de faire des rondes dans les différents postes. L'adjudant Rouflard, un vieil artilleur tout blanc, détaché depuis plus de quinze ans à la place et les connaissant toutes dans les coins, m'avait prévenu que le poste du fourrage demandait une surveillance toute spéciale. C'était une simple cabane en planches établie en plein champ de trèfles, à cinq cents mètres du magasin, loin de tout regard importun, et, comme le poste n'était composé que de trois hommes et d'un brigadier, les soldats avaient pris la douce habitude de considérer ce tour de service comme une journée de villégiature. L'adjudant Rouflard affirmait que l'on apportait des provisions et que l'on invitait des dames, après avoir bien et dûment fermé les portes de la cabane. Toutes les joies de la vie, quoi !

L'amour, l'amour, la pipe et le tabac,
Voilà, voilà, voilà les plaisirs du bivouac!

Ces choses-là sont permises à l'Opéra-Comique, mais elles sont défendues par les règlements militaires, au nom de la discipline.

Aussi, certain jour, ayant ma journée libre, je résolus, accompagné de Rouflard, de faire une tournée vers le fameux poste. C'étaient précisément les cuirassiers qui étaient de service. En véritables policiers, nous avions été à pied, pour moins donner l'éveil, par des petits chemins détournés, si bien que nous arrivâmes à la porte de la baraque sans que notre présence eût été signalée. D'ailleurs, aucune sentinelle n'avait été placée, et aucun casque de cuirassier ne se profilait à l'horizon.

Je soulève le loquet et j'entre brusquement dans le poste. Mon apparition fait l'effet de la statue du Commandeur. Mes cuirassiers, en bras de chemise, étaient assis autour d'une table, flanqués de trois maritornes comme les aime Roybet, dégrafées, dépoitraillées, avec des rubans dans les cheveux et des rouflaquettes qui tombaient en tire-bouchon de chaque côté des joues. Le brigadier, plus favorisé, en raison de sa position hiérarchique, avait la plus grosse sur ses genoux, une mégère qui avait dépassé la quarantaine, mais qui était ornée d'appas capables de faire loucher la femme-colosse.

Tout ce joli monde buvait des litres de vin blanc, en chantant.

Il est toujours pénible pour l'âme d'un philosophe de jouer un rôle de trouble-fête; mais la charge d'adjudant de place comporte des devoirs qu'il faut savoir remplir avec sévérité. Rouflard prit donc les numéros matricules des soldats et inscrivit sur son carnet les noms des trois femmes : Sapho, Lazarine et Djemma. Puis, ainsi documenté, je revins vers Versailles, afin que les justes lois pussent suivre leur cours.

Le cas étant grave, je crus devoir me rendre immédiatement chez le major de la garnison, afin qu'on fît relever la garde, qu'on mît les hommes en prison et qu'on transmît les noms des femmes au commissaire central. Je trouvai le colonel chez lui, en robe de chambre, penché sur un bureau où s'alignaient des équations au soixantième degré. Il me reçut avec bienveillance, tout en dissimulant, par courtoisie, la petite contrariété d'un savant qu'on dérange dans ses calculs, puis il écouta mon récit avec une stupeur profonde.

— Ainsi, me dit-il, la sentinelle n'était pas à son poste ?

— Non, mon colonel.

— Et tout le monde buvait en chantant des couplets obscènes ?

— Oui, mon colonel.

— Ah ! c'est bien triste, bien triste ! Quelle armée !...

Il s'absorba dans des réflexions douloureuses, puis, tout à coup, sortant d'un rêve :

— Ne m'avez-vous pas dit aussi qu'il y avait des femmes ?

— Oui, mon colonel ; il y en avait trois.

Et, sans se douter de l'énormité de sa question, le brave Rubas, comme s'il me demandait la chose la plus simple du monde, ajouta avec ingénuité :

— Et, dites-moi, capitaine, étaient-ce des femmes de mauvaise vie ?

EN WAGON

L'autre soir chez Marguery, à notre dîner de la promotion de Suez (1868-1870) lorsque notre président eut fait son petit speech annuel, nommé les veinards ayant obtenu les premiers, grâce à je ne sais quelles prouesses dans les pays lointains, la double épaulette de lieutenant-colonel, et jeté quelques fleurs sur les morts, on se mit à causer femme pour chasser la mélancolie qui nous envahissait malgré nous à ces chers souvenirs. Coude à coude, en pleine confiance, l'influence des bons vins aidant, chacun à tour de rôle se mit à fouiller ses souvenirs de sous-lieutenant déjà si lointains, et à laisser voir un peu ce qu'il avait dans l'âme.

— Moi, nous dit le commandant Bélière, — sans contredit le plus bel homme de la promotion — celle que j'ai le plus aimée, est une femme que je n'ai rencontrée qu'une fois, à laquelle je n'ai jamais parlé, que j'ai à peine entrevue, et que je ne reverrai probablement jamais.

Il y eut des cris homériques dans l'assistance égayée, et le camarade Chavoye cria :

— Je te l'avais bien dit, mon pauvre vieux, tu n'as pas arrosé suffisamment d'eau de Saint-Galmier les crus du cantinier Marguery. Et maintenant si ta diction est restée claire, nous sommes obligés de constater avec peine que tes idées sont vagues.

— Pas vagues du tout, mes idées, riposta Bélière en souriant, et la meilleure preuve, c'est que, pour faciliter votre digestion je vais vous conter l'histoire.

— Vas-y, mais tâche d'être précis — et éloquent. — Et modeste — Et véridique — Et suave!...

Quand la litanie des qualités nécessaires au bon narrateur fut terminée, litanie que le commandant laissa passer avec condescendance, il commença :

— C'était, mes amis, aux environs de 1872, nous étions tous alors très jeunes, vingt-deux ans en moyenne, et passablement fous. Peut-être, dans ma garnison de Versailles, l'étais-je un peu plus que les autres, car je me souviens qu'une des fines plaisanteries. après le déjeuner mangé à l'hôtel de Brissac, rue du Vieux-Versailles, consistait à aller voir, chez un carrossier de l'avenue de Saint-Cloud, des petites voitures pour paralytiques.

« Cherchons un peu le modèle que Bélière sera obligé d'acheter l'année prochaine, » disait-on.

Et l'un me conseillait un petit fauteuil

roulant, d'un dessin merveilleux; l'autre, une espèce de petite charrette à levier: c'était charmant, et l'on reprenait en chœur:

Pour l'année prochaine, Bélière, pour l'année prochaine!...

Dieu merci, il y a vingt et un ans de cela, et leur prophétie macabre ne s'est pas réalisée, mais le fait est que je ne me ménageais guère et que j'étais littéralement fourbu. Jamais l'on ne tint moins compte des exigences de la machine humaine, et comme je le disais avec forfanterie: On ne sait pas tout ce qu'on peut demander à ce petit corps.

Je lui demandais beaucoup. Commandé de semaine une fois sur deux, astreint à toutes ces besognes de dressage et d'instruction qui incombent aux Saint-Cyriens frais émoulus de l'École, alors que mes camarades restaient à Versailles pour se coucher sagement à neuf heures en prévision des fatigues du lendemain, moi je partais pour Paris: et là commençait une nouvelle existence avec les grandes hétaïres de l'époque : Delphine Canisy, Caroline Motessier, Ravaschoff, Suzanne Lowenberg ; dîners au Café Anglais, parties en bandes dans les petits théâtres à la mode, soupers à l'entresol dans la salle commune du Helder alors dans toute sa gloire, que sais-je ? Quand il n'y avait plus de train, je revenais à cheval ou en voiture pour le pansage du matin. Certain soir d'hiver, par un froid de dix degrés, avec un verglas qui empêchait de se tenir debout, je n'ai pas trouvé, ni pour or, ni pour argent, un cocher qui consentît à risquer le voyage de Versailles, et j'ai été obligé de faire la route à pied ! J'ai mis six heures !

Quand j'avais une ronde de nuit, je m'envoyais chercher à cheval par mon ordonnance ; je fourrais mon pantalon noir dans mes bottes, je recouvrais mon frac de mon manteau d'ordonnance, je remplaçais mon claque par le casque de dragon, et en route, à la verte allure ! Je ne sais pas comment je ne suis pas mort, à ce métier de forçat du plaisir.

Aussi, sous prétexte que je ne dormais jamais, j'en étais arrivé à dormir partout. Souvent ma tête tombait entre deux phrases de conversation, et je la relevais d'un brusque sursaut, ayant dormi, rêvé peut-être, pendant cinq à six secondes. Ma pauvre mère qui constatait ce surmenage absurde était très inquiète et me grondait avec sa voix si douce, me persuadant que je devrais prendre *au moins* une bonne nuit par semaine, rester à Versailles, et me coucher ce soir-là, à huit heures, tout de suite après mon dîner.

— Mais ma pauvre maman, répétais-je, si je suis pris toute la journée par mon service, et si je ne fais pas un peu la fête le soir, ma vie sera gaie !

Tout ce que je pouvais lui accorder, c'était parfois de ne pas prendre tout à fait le dernier train et de me réembarquer pour

Versailles à onze heures et demie, avec promesse de dormir dans le wagon, promesse d'ailleurs facile à tenir, même en voyage. Dès que je m'étais étendu sur la banquette, les jambes repliées en chien de fusil, la tête appuyée sur le coussin légèrement surélevé, j'étais envahi par un sommeil de plomb, par une torpeur lourde, avec un poids de vingt kilos sur chacun des yeux, tant et tant que, bien souvent, à l'arrivée en gare — heureusement tête de ligne — l'employé avait toutes les peines du monde à me réveiller. Alors je partais comme un somnambule, continuant dans la rue Duplessis un demi-sommeil, et me guidant seulement d'après la lumière des réverbères que j'entrevoyais vaguement.

Or, un soir, je revenais en tenue de sous-lieutenant de dragons, n'ayant pas eu le temps de me mettre en bourgeois ; le képi bien enfoncé sur les yeux, seul dans mon wagon, le rideau de la lampe tiré, j'avais adopté la pose savante dont je vous ai parlé, lorsqu'à la station d'Asnières la portière s'ouvrit. J'entendis un léger froufrou de soie, et j'eus la sensation qu'une femme venait de s'asseoir en face de moi. J'essayai d'ouvrir les yeux, mais va te faire fiche, impossible; tout ce que je pus faire ce fut de les entr'ouvrir un instant, juste assez pour voir que ma compagne était jolie, jeune, brune et très élégante.

Et cependant, bien que n'ayant pu vaincre ma torpeur, j'éprouvai un sentiment de béatitude indéfinissable à l'avoir ainsi tout près de moi. Un parfum de white-rose s'était répandu dans le wagon, et, à travers mes paupières presque closes, je la distinguais vaguement qui me regardait avec un bon sourire sur ses lèvres pourpres; assurément, elle était persuadée que je ne la voyais pas, que je dormais de tout mon cœur, et que l'impunité lui était acquise.

Je ne saurais dire combien de temps se

passa ainsi. Comme dans un rêve, j'entendis crier les stations de Puteaux, de Courbevoie, de Suresnes, et j'avais la sensation que j'étais gardé, comme un enfant, par un être qui m'aimait bien. C'était en même temps très voluptueux et très doux. Tout à coup, après la station de Saint-Cloud, et comme le bruit sourd du train m'annonçait que nous venions de pénétrer sous le tunnel, j'entendis un bruit soyeux et, au parfum rapproché, je devinai que la jeune femme venait de se mettre à genoux et se penchait au-dessus de moi ; je sentis qu'on m'effleurait d'un baiser, une caresse imperceptible comme celle d'un sylphe. Évidemment, j'aurais dû me réveiller, prendre dans mes bras cet être charmant et lui rendre caresse pour caresse, mais j'avais comme la vague intuition que bouger eût été tout perdre, que pour rien au monde il ne fallait rentrer dans la réalité, et je restai ainsi plongé dans un engourdissement délicieux, respirant une haleine grisante qui exhalait comme une aphrodisiaque odeur de dragée.

Et, imbécile que j'étais, sans analyser mes sensations, me laissant tout entier aller au sentiment du plaisir intime éprouvé, je continuai à dormir comme une brute, en faisant des songes d'où je voyais toujours ma voyageuse qui me souriait en me berçant dans ses bras...

— Versailles mon lieutenant! me cria la voix bien connue de l'employé. Versailles.

Je bondis en sursaut, je me frottai les yeux. Mon inconnue était partie, descendue à Viroflay, sans doute, après m'avoir donné cet unique baiser dont je sentais encore la douceur. Et j'aurais cru certainement que j'avais rêvé, si un vague parfum de white-rose n'avait continué à flotter encore dans le wagon, et si je n'avais aperçu à terre un gant de Suède que j'ai — moquez-vous de moi, mes amis — conservé toute ma vie comme une relique adorée.

— Quand je vous le disais, messieurs, tonna Chavoye, que notre pauvre camarade Bélière était complétement pochard !

LA NUIT DU SERGENT

Raoul Folangin, sergent de réserve au 251e régiment, à mademoiselle Eugénie Torpille, 35, rue Marbeuf.

Armée de l'Est — 2e corps.
Clermont, le 15 septembre 1894.

« Ma bonne Nini,

» Comme tu as été gentille de te lever si matin pour m'accompagner à la gare Saint-Lazare, quand je me suis embarqué pour Rouen ! Sans souci du qu'en-dira-t-on, tu me donnais crânement le bras dans la salle des Pas-Perdus, et l'élégance de ton costume en batiste brodée mauve faisait contraste avec ma capote grise et ma modeste tenue de lignard. — J'ai l'air d'une bobonne amoureuse de Pitou, me disais-tu en te serrant câlinement contre moi. Et tout le monde admirait ta taille svelte et ta chère frimousse, si drolichonne sous la grande capeline couverte de fleurs.

» Enfin, il a bien fallu se séparer. Ç'a été dur ! Je t'ai donné deux gros baisers sur tes joues ressemblant à ces bonnes pommes d'api dans lesquelles on aurait envie de mordre, et, le gosier un peu serré par l'émotion, je suis monté en wagon avec les camarades. Pour la patrie ! *Pro patria* ! comme disait le vaillant Déroulède. Maintenant, suivant ma promesse, je viens te raconter un peu mes aventures, en te jurant que si je cultive Mars, je dédaignerai absolument Vénus. Tu m'as affirmé qu'on pouvait très bien rester sage vingt-huit jours.

Je n'ai jamais essayé — toi non plus, je parie, — mais enfin, il y a un commencement à tout, n'est-ce pas?

» T'ai-je expliqué, Nini, que j'ai l'honneur de faire partie de l'armée de l'Est, et que nous devons envahir avec le 2ᵉ corps la vallée de l'Oise, en ayant pour objectif la possession de la Normandie — rien que ça!

C'est les Normands, m'a dit ma mère,
C'est les Normands qu'ont conquis l'Angleterre.

» A nous la revanche! L'armée opposante figurée par le 3ᵉ corps s'est concentrée en avant de Rouen dans le fol espoir de nous empêcher de passer. Donc, on nous a concentrés à Clermont. Il faut rendre justice au général Billot, il concentre bien. Huit mille soldats dans une petite ville qui n'a pas quatre mille habitants! Aussi c'est une bousculade! Le préfet, et le maire, M. Fortin, ont réquisitionné les granges, les écuries, et même les étables pour nous assurer un abri.

» Quant à moi, je ne sais pas comment notre sacré fourrier avait établi son état de logement, mais il m'avait envoyé dans une bergerie déjà occupée par une dizaine de gaillards appartenant au 17e d'artillerie. Les parfums des cuirs et buffleteries se mêlant aux relents des moutons ! C'était épouvantable. Aussi, bien que les camarades du 17e nous aient offert l'hospitalité, je préférai ne pas réclamer ni abuser de la permission.

» Me voilà donc descendant avec mon escouade la longue rue de Clermont qui part de la gare et est coupée par une foule de petites ruelles qui conduisent à la forêt voisine. Et partout je m'arrêtais devant chaque porte ornée d'inscriptions à la craie, réclamant une petite place pour moi et mes hommes, mais tout était bondé et j'étais repoussé avec perte. Dans certaines maisons on avait un matelas pour six, et moi qui, l'été dernier, trouvais déjà trop étroit notre grand lit de Luchon !

» J'étais désespéré, ma pauvre Nini. Tu m'as donné de mauvaises habitudes avec tes draps à entre-deux de dentelle et tes oreillers à nœuds de satin vieil or. De guerre lasse, je pensais déjà à aller coucher à deux kilomètres de là, au Montdidier où mon ami Saint-Morel possède un beau château. Mais sortir de Clermont, c'était peut-être déserter... passer à l'ennemi ? J'étais donc très perplexe, et mes hommes, qui avaient très chaud, commençaient à devenir grincheux, lorsque devant l'église je rencontrai une femme en deuil, vraiment pas mal du tout. L'air imposant, la démarche noble et sous la mante Valois les rondeurs appétissantes de la quarantaine. Évidemment, Nini, elle n'avait pas ta fraîcheur, tes lèvres pourpres, ni tes yeux de pervenche, mais c'était encore un beau fruit d'automne duveté et savoureux. Allons, ne fronce pas les sourcils, tu sais bien que je n'aime que les primeurs.

» Pour la cinquantième fois, je fis le salut militaire et m'adressant à la dame :

» — Pardon, vous ne connaîtriez pas un petit coin où je pourrais me loger moi et mes hommes?

» — Hélas! non, monsieur, me répond-elle. Puis voyant mon air désolé : — Écoutez, il y aurait peut-être un moyen. Je pourrais aller coucher chez ma sœur à Estrées-Saint-Denys et vous céder ma maison.

» — Ah madame! madame! Vous feriez ça!... Vous êtes notre providence.

» — Allons, venez, dit-elle avec un bon sourire, ce n'est pas très grand, mais vous pourrez toujours vous arranger pour une nuit.

» Et je la suivis tout attendri avec les hommes de mon escouade, me rappelant la chanson de Thérésa :

Refais-toi, soldat, refais-toi!

» Certes, nous allions nous refaire ! Nous en avions bien besoin. En route nous causâmes. Mon hôtesse était veuve. Elle s'appelait madame d'Ambroville. Elle connaissait un peu mon ami Saint-Morel, le châtelain de Montdidier. D'ailleurs un air grave et austère dans son majestueux costume de deuil qui m'inspirait un profond respect, ainsi qu'à mes hommes.

» Nous arrivons à une petite maison un peu isolée, sur la lisière de la forêt, tout près du cimetière. Madame d'Ambreville nous installe de son mieux, et me cède sa propre chambre en ma qualité de gradé. Et comme je m'excusais de mon importunité :

— » Mais, non, reprend-elle, vous ne me gênez pas du tout. Je vais prendre le train pour Estrées, et dix minutes après je serai chez ma sœur.

» Là-dessus, elle nous souhaite bonne nuit, et part, nous laissant les maîtres de la maison. J'étais véritablement très bien dans cette chambre qui respirait l'honnêteté. Dans le fond, le portrait du défunt M. d'Ambreville avec sa toque de magistrat — très digne et très laid ; des bibelots, des housses en guipure sur les meubles. Mais ce qui me plut par-dessus tout, ce fut l'aspect du lit, un lit immense, voluptueux, profond comme un tombeau, un lit fait pour les folles étreintes, un lit de ménage et de manège. Ah ! Nini, si tu avais été là, quelle nuit exquise on aurait pu passer !...

» Mes hommes se mettent à préparer la popotte dans la cuisine, et les voisines obligeantes viennent nous apporter de l'eau, du bois, des légumes.

» — Vous êtes rudement bien tombés chez madame d'Ambreville, nous disent-elles, une bien bonne personne — qui n'a jamais pu se consoler de la mort de son mari, et qui continue à porter son deuil. Elle passe ses journées à l'église, et elle a choisi cette maisonnette isolée pour être plus près du cimetière et aller continuellement prier sur sa tombe. C'est une sainte, monsieur, une sainte.

» J'étais tout disposé à les croire, ces braves voisines, car la dame, en nous accueillant, nous avait rendu un très réel service. A neuf heures, on sonne l'extinction des feux, et moi, je m'étends délicieusement dans le grand dodo de la veuve où je ne tarde pas à m'endormir d'un sommeil profond, rêvant que je prenais Rouen à moi tout seul et que je plantais le drapeau du 251e sur le balcon de l'hôtel d'Angleterre.

» Tout à coup, en pleine obscurité, je suis réveillé par le bruit de ma porte qui s'ouvrait doucement, puis je sens une main qui me caresse le visage, tandis qu'une voix me chuchotait :

» — C'est moi, ma chérie, ne t'effraye pas. C'est moi.

» Qu'est-ce que c'était que ça? La voix devenait plus tendre et tout à coup je me sens embrassé sur les yeux par une grosse moustache.

— A moi! Au secours! criai-je terrifié.

» Mes hommes accourent en caleçon; on apporte une lumière et je reconnais, qui! Saint-Morel, Saint-Morel lui-même, le châtelain de Montdidier. Si tu avais vu sa figure en me trouvant installé dans le lit de la veuve! Enfin, avec une voix que l'émotion étranglait, il finit par me dire:

— Où est... où est madame d'Ambreville?

— Mon cher ami, elle est chez sa sœur à Estrées-Saint-Denys, et je regrette de ne pouvoir la remplacer.

» Je n'ai pas besoin de te dire que mes hommes se tordaient. Saint-Morel lui-même, très penaud, finit par être gagné par notre hilarité, et partit en me demandant le secret. Vous comprenez... une femme si bien posée, qui a des sentiments si religieux. Ce serait terrible!...

» Voilà, Nini, l'histoire de ma première nuit d'étape. Je ne crois plus aux veuves inconsolables, mais je crois encore un brin au chagrin des maîtresses abandonnées. J'ai la naïveté du jeune âge.

» Tends tes lèvres.

» RAOUL FOLANGIN. »

« *P.-S.* — Je te défends d'aller à la fête de Saint-Cloud, dimanche, avec Gustave. »

L'EMPEREUR

... Et, comme le gazier venait d'éteindre la girandole qui flamboyait au-dessus de la porte d'entrée du cirque, du côté des écuries, Jane Fétard monta dans son coupé, avenue Matignon, suivie de près par la grosse Agathe, qui disait :

— Allons, voyons, ne pleure pas ! Il faut se faire une raison. D'abord, ça ne sert à rien... et puis ça use les cils.

Mais la petite Jane avait toujours son mouchoir sur les yeux, et de gros soupirs soulevaient sa poitrine sous la pélerine garnie de dentelle d'Irlande.

— A l'Américain! dit-elle au cocher machinalement, comme par un reste d'habitude.

Puis, tandis que la voiture roulait, elle commença, entre deux sanglots :

— Ah! Agathe, Agathe, je suis la plus malheureuse des femmes!

— Est-ce que l'écuyer Bertram t'a quittée?

— Non, c'est moi qui le lâche : mon amour est mort, complètement mort... Et tout ça, c'est la faute au directeur, M. Franconi. Oh! ces directeurs, ces directeurs!

— Voyons, calme-toi. Qu'est-ce qu'il t'a fait, M. Franconi? Raconte-moi l'histoire : ça te soulagera.

— Eh bien, ça date de l'avant-dernier samedi. Tu te rappelles la belle chambrée qu'il y avait. Bertram — dans ce temps-là je disais encore *mon* Bertram — venait d'avoir son succès accoutumé avec son numéro des trois chevaux dressés en liberté.

frisé au petit fer, avec une raie fine tracée entre deux bandeaux, le torse moulé dans le frac noir, qui laissait apercevoir le transparent blanc, le jarret tendu sous le pantalon à bandes d'or, il était vraiment superbe. Mais ce qui me ravissait surtout, c'était sa moustache, une moustache fine, soyeuse, d'un ton beaucoup plus clair que les cheveux et qui se retroussait de chaque côté des lèvres en deux pointes conquérantes. Bertram était beau comme un jeune dieu, bien campé au milieu de l'arène, la chambrière en main, faisant évoluer ses trois chevaux : Spartacus, Pyrame et Thisbé comme les élèves d'un ballet. Au moindre signe de lui, les trois bêtes, bien enrénées, agitaient gracieusement leurs têtes, ornées d'un petit panache tricolore, trottaient, galopaient, voltaient, sautaient les obstacles, en file, de front... C'était ravissant !

Et la musique sonore, qui jouait des quadrilles, semblait chanter pour moi un hymne mystique. Les cuivres soufflaient de plus en plus fort, mêlant leurs accords aux claquements du fouet : Hop ! Hop ! Et les applaudissements frénétiques jaillissaient tout le long des gradins, où les éventails palpitaient comme des papillons extasiés. Devant ces animaux domptés, assouplis, presque humanisés, je comprenais la supériorité de Bertram, et mon cœur s'élançait vers lui tandis qu'il saluait gracieusement la foule en caressant sa moustache, sa belle moustache soyeuse aux tons d'or bruni !...

Donc, samedi, il rentrait aux écuries, après m'avoir lancé dans ma loge un dernier regard d'amour, lorsque le régisseur, M. Gauthier, lui annonça que le directeur le mandait dans son cabinet. Des félicitations à recevoir, sans doute... Peut-être même — qui sait ? — une augmentation de traitement... Bertram monta d'un pas leste l'escalier qui mène au premier étage et se trouva en présence de M. Franconi, aimable et souriant.

— Mon cher Bertram, lui dit-il, regardez-moi bien en face... Maintenant, placez-vous de profil... Oui, vous avez le menton plein, le nez droit... En vous rembourrant un peu le dos, cela pourrait aller.

— Me rembourrer le dos ! Pourquoi me rembourrer le dos?

— Parce que j'ai songé à vous confier un rôle magnifique, qui sera le couronnement de votre carrière d'artiste. Dans la pantomime qui passe la semaine prochaine, il y a un empereur — l'empereur de 1814 — le Napoléon déjà trahi par la fortune. Suivi de tous ses maréchaux, comme dans le fameux tableau de Meissonier, ayant comme officier d'ordonnance l'exquise Marcelle de Chevilly, en travesti de hussard, il passera, sombre et fatal, sur son cheval blanc, le petit chapeau enfoncé sur les yeux, la main dans l'entre bâillement de la redingote grise, avec la cravache suspendue au poignet. Eh bien, ce rôle, ce rôle merveilleux, ce rôle épique, j'ai pensé à vous le faire jouer, d'abord parce que vous montez bien à cheval... et puis parce que vous avez un menton plein et un nez droit.

— Monsieur le directeur, quel honneur ! balbutia Bertram, écrasé par l'émotion et la joie.

— Seulement, il faudra raser vos moustaches.

— Raser mes moustaches !

— Évidemment ! Vous n'allez pas personnifier l'Empereur avec des moustaches. Je vous permets seulement de les conserver jusqu'à la répétition générale. Allons, bonsoir, mon ami.

Bertram sortit très perplexe. Il n'avait pas songé à cela. Raser ses moustaches ! Quel sacrifice ! Le soir, la tête sur l'oreiller, il me confia ses angoisses. Ah ! nous avons eu un vrai désespoir. Mais, enfin, le rôle de l'Empereur, cela valait bien un petit sacrifice. Il m'expliqua que tous les grands artistes étaient exposés à des éventualités semblables. M. Duflos n'avait-il pas coupé sa belle barbe blonde pour jouer le capitaine d'artillerie dans le *Fils de Coralie?* Mounet-Sully lui-même ne s'était-il pas complètement rasé pour interpréter Alain Chartier à la Comédie-Française? Il le fallait, il le fallait!

Alors nous avons étudié l'histoire ensemble, — Bertram n'était pas très ferré sur la campagne de 1814, ni moi non plus, du reste, — puis nous avons visité les musées, passé des journées entières à Versailles, devant des tableaux de maître. Entre temps, je caressais cette pauvre moustache, qui ne m'avait jamais paru si belle: il me semblait que c'étaient comme les derniers jours d'une plante rare qui allait mourir, fauchée dans sa fleur. Le soir, après la représentation, on répétait au cirque. Morlet envoyait de sa belle voix vibrante, les couplets du *Bataillon de la Moselle* :

> V'là l'bataillon d'la Moselle, en sabots,
> V'là l'bataillon d'la Moselle!

et Bertram apparaissait à cheval, à la fin, escorté par madame de Chevilly, pour passer la revue des troupes.

M. Franconi paraissait content. Il regardait son interprète en murmurant :

— Oui, oui, quand les moustaches seront rasées, il sera très bien.

Enfin, lundi dernier, jour de la première, Bertram comprend que l'heure du sacrifice a sonné. Il monte dans sa loge, s'y enferme, et, une heure après, il redescend aux écuries, costumé en empereur, glabre, rasé, méconnaissable. Devant le bar du foyer, il se heurte au directeur, qui s'écrie, stupéfait :

— Qu'est-ce que c'est que ça?

— Ça, mais c'est moi, l'écuyer Bertram.

— Oh! mais vous ne ressemblez pas du tout à l'Empereur, pas du tout. Je m'étais trompé. Avec votre visage rond et vos grosses lèvres, vous avez l'air d'une vieille femme.

— D'une vieille femme!

Bertram était vexé; mais M. Franconi réfléchissait... Tout à coup, il appela le régisseur :

— Monsieur Gauthier, monsieur Gauthier! Regardez-moi cet empereur! Non, mais avez-vous jamais vu un Napoléon avec une bille pareille? Il n'y a pas à hésiter. Distribuez le rôle de l'Empereur au clown Auguste (j'ai remarqué qu'il a le masque très césarien) et, quant à M. Bertram... eh bien, donnons lui le rôle de la cantinière des grenadiers. Faites-moi ce changement tout de suite, n'est-ce pas?

Et il s'éloigna, laissant Bertram consterné. Voilà donc pourquoi il avait fait le sacrifice de ses moustaches!

Et tu l'as vu ce soir en cantinière, tu l'as vu, Agathe? Etait-il assez ridicule, le pauvre ami, avec son tricorne de travers, sa perruque blonde, son corsage capitonné et son petit jupon court sur ses guêtres noires! C'est vrai, au fond, qu'il a l'air d'une vieille femme. M. Franconi a raison. Je n'avais jamais remarqué. Mais, maintenant, mon amour est mort, bien mort. Ah! que je suis donc malheureuse!

La petite Jane Fétard s'essuya les yeux. Et, comme le coupé s'arrêtait devant l'Américain, la grosse Agathe dit tout à coup :

— Et le clown Auguste? Comment l'as-tu trouvé en empereur, le clown Auguste?

— Ah! je ne l'ai même pas regardé. Tu comprends, j'avais trop gros cœur...

— Eh bien, demain soir, regarde-le. Tu verras, il n'est pas mal du tout, ce garçon. Je n'ai jamais connu l'empereur, mais je suis sûre qu'il devait ressembler beaucoup plus au clown Auguste qu'à Bertram.

— Tu crois?... Vraiment, tu crois?

— Parfaitement. Veux-tu que je le lui dise de ta part? Garçon, s'écria Agathe en s'installant avec Jane à une table, deux chartreuses vertes: ça nous ravigotera... Et de quoi écrire!

AU CONSEIL DE GUERRE

En lisant l'autre jour que le conseil de guerre allait se réunir pour juger je ne sais quelle faute, ma pensée s'est reportée tout à coup vers ces conseils qui siégeaient à Versailles après la Commune et dans lesquels défilèrent des types si étrauges.

Comme avocats, on choisissait en général de jeunes sous-lieutenants sortis de Saint-Cyr, dans la persuasion, assez fausse d'ailleurs, que leur éloquence serait à hauteur de leurs connaissances techniques. Président, juges, commissaire-rapporteur, tous improvisés et choisis dans l'armée de Versailles, étaient aussi inexpérimentés que les avocats, et ces audiences solennelles se passaient un peu en famille.

Mon colonel ayant été nommé président du troisième conseil de guerre, je ne fus pas trop étonné de recevoir un beau jour la visite d'un gendarme qui m'apportait le pli suivant :

« En vertu de l'article 105 du Code de justice militaire, M. le président du troisième conseil de guerre vous a désigné d'office pour défendre le nommé Bertin (Pierre-Georges), prévenu de participation à l'insurrection parisienne, qui sera jugé demain à Versailles, salle du Manège des grandes écuries. »

Et muni d'une autorisation du greffe, très fier de la responsabilité qui m'incombait, je m'étais rendu à la prison des Chantiers pour causer un peu avec mon *client*. Le nommé Bertin était un grand garçon, jeune encore, très barbu, très chevelu, à l'œil d'une grande douceur et qui s'exprimait avec une facilité que je lui enviai. Pourquoi ne le laissait-on pas se défendre tout seul ? Il m'expliquait son rôle, au fort d'Ivry, au moulin Saquet, aux Hautes-Bruyères, à Villejuif, avec un flot d'arguments débités d'une voix sonore et ponctués de grands coups de poing sur la table qui nous séparait. C'était, comme récit, très coloré et très pittoresque. Moi je prenais des notes, tout en louchant de temps en temps sur sa vareuse ornée de trois galons qui le faisaient mon supérieur. Une fois même, je me surpris lui répondant malgré moi : mon capitaine.

Il effleura la question de la légalité. « Est-ce que pendant longtemps, il n'avait pas suffi d'occuper l'Hôtel de Ville pour être le gouvernement ? Quelle différence y avait-il, en somme, entre la Commune et le Comité de défense ? » Puis tout à coup s'arrêtant, il ajouta : « D'ailleurs, ce n'était pas tout cela, l'ouvrage chômait, les ateliers étaient fermés, et mon sabre d'officier communard me rapportait dix francs par jour ! Il fallait bien donner à manger à Louise.

— A Louise? demandai-je.

— Oui, Louise Pellegrin, ma maîtresse. Une belle fille, et une bonne fille. Vous la verrez demain. Je la fais citer comme témoin à décharge.

Et soudain, très attendri, il se mit à me faire le portrait de cette Louise, une brune, aux yeux de velours, carrée d'épaules et solide à l'ouvrage. Il me raconta ses privations pendant le long siège, les longues heures qu'elle avait passées dans la neige à faire queue devant les boucheries et les boulangeries pour avoir les rations. S'il n'était pas mort de faim, de froid et de misère, pendant cet atroce hiver de 1870-1871, c'était à Louise qu'il le devait. Elle lui avait soutenu le moral, en lui donnant quand même envie de vivre par amour pour elle. Et quand la Commune était arrivée il avait été heureux, bien heureux, de pouvoir, grâce à son grade élevé, lui donner à son tour un peu d'aisance, un peu de bien-être, la *refaire* physiquement, après toutes les souffrances endurées.

— D'ailleurs, ajouta-t-il, en manière de conclusion, si mes hommes m'avaient nommé chef de la compagnie, c'est qu'ils savaient que j'étais trop doux pour les mener au feu. Mon sabre n'est jamais sorti du fourreau que pour parader sur l'avenue d'Italie, et quant au revolver qu'on a saisi et qui doit figurer parmi les pièces à conviction, on peut le faire examiner par un armurier-expert. Il sera bien obligé d'avouer que les canons sont vierges, et que l'arme n'a jamais servi.

J'écrivis tout cela. En somme ce Georges Bertin me paraissait assez bon diable et facile à défendre, et puis cette Louise Pellegrin parlait à mon imagination de vingt ans. Il y avait une femme dans son affaire, une femme brune, avec des yeux de velours, une femme qui l'avait aimé au point d'accepter avec lui une vie d'abnégation et de sacrifices: rien que cela me le rendait intéressant:

Pendant toute la soirée, à la lueur de ma lampe, je travaillai de verve à mon plaidoyer, car je me défiais beaucoup de mes talents oratoires. Évidemment, j'avais bien fait quelques petits speechs devant mes hommes, mais, là, j'étais soutenu par le sentiment de ma supériorité indiscutable ; un conseil de guerre, en public, la situation n'était plus la même. Au petit jour seulement je m'endormis après avoir noirci une vingtaine de feuillets où je m'efforçais de prouver l'innocence relative de mon fédéré.

Le lendemain à une heure, j'entrai, non sans un fort battement de cœur, dans la salle du manège des grandes écuries qui ouvre, à Versailles, sur la place d'Armes. Dans le fond, il y avait sur une estrade mon colonel trônant au centre des quatre autres juges, formant, avec lui, le tribunal. En m'apercevant, il m'envoya de la main un petit bonjour amical, comme pour m'encourager. En face de moi le capitaine rapporteur et le greffier. Je m'assieds à une petite table, j'étale mes papiers, et au-dessus de moi j'aperçois Georges Bertin entre deux gendarmes. Il a fait un brin de toilette, et je constate que les femmes de l'auditoire le regardent avec plaisir. C'est un accusé sympathique.

Le greffier lit l'acte d'accusation au milieu d'une attention profonde. Le colonel opine du bonnet, hoche la tête à chaque phrase, et regarde de temps en temps les autres juges qui somnolent légèrement comme de véritables juges. Évidemment, les faits ainsi présentés, s'enchaînant à la queue-leu-

leu, constituent des charges assez graves, mais je compte beaucoup sur l'intervention de Louise, cette Louise Pellegrin que je n'ai jamais vue, et que l'auditoire attend comme moi avec curiosité.

— Faites entrer les témoins, dit le colonel à l'adjudant qui sert de greffier.

— Attention ! Vous allez voir Louise, me dit en se retournant Bertin, très ému.

Un frémissement passe dans la salle, les dames prennent leur lorgnette, les hommes rajustent leur monocle, et je vois entrer une grande fille, au teint coloré, aux sourcils très fournis et très arqués sur les yeux flamboyants. Des cheveux noirs, tout embroussaillés sur le front, augmentent encore l'énergie sauvage de sa physionomie. Comme corsage un espèce de jersey bleu très collant qui moulait une poitrine de Diane chasseresse, avec deux seins qui pointent et l'étoffe souple, après avoir dessiné une taille un peu épaisse, se tendait ensuite sur les hanches rondes et opulentes.

Elle entra sans aucune timidité, embrassa d'un seul coup d'œil le public, l'estrade, le colonel et le pauvre avocat, puis ayant aperçu Bertin, elle lui lança un regard! un regard à incendier les magasins à fourrage. Ce regard-là faisait comprendre toutes les lâchetés et aussi toutes les folies. Puis, se campant sur une hanche devant la barre, elle fixa de son œil dur le colonel visiblement troublé et ne s'attendant pas, sans doute, à voir apparaître devant lui une gaillarde d'un aussi bel aplomb. Cependant, il se remit assez vite et commença les questions d'usage:

— Comment vous appelez-vous?

— Louise Pellegrin.

— Votre âge?

— Vingt-huit ans.

— Votre profession?

— Femme de journée... quand on pouvait encore aller en journée.

— Êtes-vous ou avez-vous été au service de l'accusé.

Alors, la femme, avec un calme olympien et une belle voix vibrante qui résonnait étrangement sous les grandes voûtes du manège :

— Au service de l'accusé ?... Mon Dieu, monsieur le colonel, j'ai été sa maîtresse pendant trois ans. Je ne sais pas si l'on peut appeler ça avoir été au service de l'accusé.

A cette réponse extraordinaire, un vent de gaieté souffla, et il y eut comme un remous dans la salle. Mon colonel était pour sa part absolument ahuri. Il regardait les juges qui ne savaient pas, le capitaine rapporteur très perplexe, et moi, l'avocat, absolument décontenancé. On eût dit qu'il voulait nous consulter tous, nous demander un bon conseil d'ami...

Un moment il frisa sa longue moustache grisonnante par un geste qui lui était familier, puis après avoir réfléchi quelques secondes, comme prenant une détermination subite, il s'écria :

— Non ! non !... ça ne s'appelle pas avoir été au service.

Les quatre juges en s'inclinant, appuyèrent cette décision du président comme si elle ne pouvait faire aucun doute dans l'esprit des jurisconsultes, et tandis que Louise Pellegrin continuait à crâner avec un sourire gouailleur, l'audience continua.

L'ERREUR D'ÉMILIENNE

— Alors, ma chère Émilienne, tu lâches les jeunes lieutenants pour les vieux généraux.

— Mais pas du tout, je suis toujours au mieux avec Maxence, avec mon petit Maxence, si gentil avec sa tunique ajustée, son grand col blanc de dragon et sa moustache retroussée en chat.

— Cependant, à ma grande surprise, je viens de rencontrer dans ton escalier le général Bourgachard.

— Je sais bien; mais ce que j'en fais,

c'est précisément dans l'intérêt de Maxence; il faut te dire que j'avais commis une petite gaffe.

— Toi, Émilienne!

— Parfaitement. En temps habituel, mes amis veulent bien me reconnaître une certaine intelligence; mais, dès que je suis amoureuse, mais là, bien amoureuse, alors je deviens absolument idiote. C'est même à cet indice certain que je reconnais que je suis pincée. Au reste, on dit d'une femme : « Elle est amoureuse », comme on dirait : « Elle est malade, ne lui en veuillez pas. » Moi, cela ne m'arrive pas souvent, heureusement, mais dame, quand mon cœur — est-ce bien mon cœur? — Enfin quand mon cœur a parlé, je ne connais plus rien, ni habitudes, ni préjugés, ni respect des lois : je ne dors plus, je ne mange plus; je n'ai plus qu'une idée au monde : voir le plus possible l'objet aimé. L'autre jour, Maxence passait à la tête de son peloton, au coin de la rue de la Faisanderie; eh bien! je n'ai pu m'empêcher de l'arrêter et de lui sauter au cou devant tous ses hommes, qui riaient comme des bienheureux. Il n'apprécie pas beaucoup ces manifestations publiques, parce qu'il prétend que je le compromets et que ça peut lui nuire pour le tableau d'avancement.

— Je comprends ça.

— Aussi, depuis ce temps, je m'observais. Je n'allais pas chez lui plus d'une fois par jour, toujours très décemment mise avec une épaisse voilette sur la figure, mais par exemple, je me rattrapais avec les petits bleus. Quand je passais devant un télégraphe, c'était plus fort que moi, j'envoyais une dépêche, pour rien, pour avoir le plaisir de lui dire: « Bonjour, mon petit homme: il est trois heures; je t'aime beaucoup, beaucoup plus qu'à deux heures, beaucoup plus qu'hier... et je le sens, beaucoup moins que je ne t'aimerai demain. »

— Ma pauvre Émilienne, c'est très grave, il faut soigner ça.

— Bah ! ce sont les femmes comme moi qui servent à équilibrer le budget de l'administration des postes et télégraphes. Si on ne s'écrivait jamais que pour se dire des choses sérieuses, le rôle des facteurs deviendrait une sinécure. Quand je vois trotter par les rues ces bonshommes en casquette bleue, je ne puis m'empêcher de penser que ce sont des messagers de Vénus, et j'aperçois des petites ailes sur le dolman de gros drap fourni par l'administration. L'amour, vois-tu, c'est lui qui fait rouler les fiacres, courir les commissionnaires, marcher les facteurs, et même galoper les gardes municipaux qui passent très affairés avec leur cheval, leur casque, leur grand sabre. Ah ! si l'on pouvait lire le contenu des enveloppes ministérielles dans la gibecière qu'ils portent en sautoir, on serait parfois bien étonné.

— Mais je ne vois pas, dans tout cela, poindre le général Bourgachard ?

— Tu vas voir. Lundi dernier, j'avais demandé à Maxence de me mener au Bois dans son coupé, et il m'avait refusé parce qu'il avait beaucoup de visites à faire. Il parait que le lundi est un jour très chargé comme réceptions, et mon jeune lieutenant tient beaucoup à soigner sa situation mondaine. Il y avait surtout la vieille maréchale, duchesse d'Arcole, chez laquelle il était indispensable de se faire voir, parce qu'elle recevait tous les hauts dignitaires de l'armée. Ne pas aller chez la duchesse d'Arcole, c'est renoncer à l'avancement. Maxence m'avait expliqué tout cela, et moi je m'étais résignée à ne pas aller au Bois.

J'avais donc ma journée libre, et j'en avais profité pour faire quelques emplettes aux magasins du *Minuscule-Saint-Thomas*, lorsqu'en passant rue de Lille, au milieu d'une foule de voitures rangése devant un bel hôtel, j'aperçois un cocher qui me saluait en souriant d'un air de connaissance, et je reconnais Joseph, le cocher de Maxence. Prise d'une idée subite, je lâche mon fiacre et je me blottis dans le coupé bleu. Et je me disais : Voilà une bonne idée! Quand Maxence va sortir de sa visite, ne se doutant de rien, il va me trouver là ; quelle surprise!

Et alors je me suis mise à l'attendre. Le temps passait, la nuit était venue, mais je ne m'ennuyais pas trop. D'abord je songeais à *LUI*; j'étais, pour ainsi dire, dans sa maison, au milieu de ses petites affaires. Il y avait dans le vide-poche ses cartes de visite, son porte-cigarettes en argent, le briquet que je lui ai donné au jour de l'an. Cela sentait bon lui, une odeur que je connais bien, chypre et sandrigham, mélangée à un vague parfum de tabac russe. Dans mes explorations, j'ai même retrouvé le bout de la cigarette fumée en route, et moque-toi de moi si tu veux, je me suis prise à l'examiner avec un intérêt profond, regardant le côté un peu humecté par les lèvres que j'adore, ces lèvres si pourpres, si jeunes, si saines, qui vous laissent quand on les embrasse comme un goût de fraise des bois...

— Allons, Émilienne, ma chérie, un peu de calme.

— ... Enfin, très attendrie, je me disais tout cela, et bien d'autres choses encore, rêvant aux bonnes heures écoulées avec ce gentil garçon, et me sentant dans un état d'âme très difficile à décrire. C'était une émotion très douce qui m'engourdissait, me plongeait dans une espèce de torpeur voluptueuse, à peine troublée par le balancement parfois imprimé aux ressorts de la voiture par quelque mouvement brusque du cheval qui s'impatientait sur place. Je serais restée ainsi tant qu'on aurait voulu. Au dehors, le temps était devenu mauvais et la pluie tombait à torrents. Avec toutes sortes de gestes, et faisant des grands bras, Joseph avait passé son caoutchouc et se tenait stoïquement sous l'ondée; et moi je savourais le plaisir égoïste de me sentir bien à l'abri, me disant :

— Comme ça va être gentil de rentrer ensemble, tout près l'un de l'autre, à la maison! Comme je vais l'embrasser, le questionner... Il me semble qu'il y a un siècle que je ne l'ai vu, et je vais avoir un tas de choses à lui demander.

J'en étais là de mes réflexions, lorsque soudain mon cœur battit à tout rompre. La lourde porte de l'hôtel venait de s'ouvrir, et j'entendais confusément Maxence qui causait avec une autre personne. A cause de la pluie, j'avais en effet levé la glace et je ne distinguais pas très bien les paroles. Il me semblait, cependant, que la personne refusait je ne sais quoi : « Non, vous êtes trop aimable, cela vous dérangerait. — Mais si, mais si... insistait Maxence très respectueusement, cela ne me dérangera pas et cela me fera plaisir. »

Il y eut un silence. Sans doute la personne était partie, et Maxence était enfin resté seul. La porte du coupé s'ouvre, je vois pénétrer un chapeau haut de forme, et moi, dans un grand élan de tendresse, je jette mes deux bras autour de la tête qui entrait, et je couvre cette tête de baisers, en disant :

— Enfin, te voilà, mon amour! Comme tu as été long!

Horreur! Les lèvres n'avaient pas du tout, mais pas du tout la saveur de fraise. Une moustache rude, toute blanche, empestant la pipe, avec un certain goût de vieux... J'avais embrassé le général Bourgachard.

Et ce qu'il y a de pis, c'est que Maxence a été obligé d'affirmer qu'il ne me connaissait pas, qu'il s'était trompé de voiture, et patati et patata, tandis que le général a été persuadé qu'il était reconnu par un domino l'ayant fortement intrigué au dernier bal de l'Opéra.

Voilà pourquoi tu as rencontré le général dans mon escalier. Mais tu peux être bien tranquille. Je suis comme la grande duchesse, et jusqu'à nouvel ordre, je préfère le jeune soldat qui est soldat, mais qui est jeune, au vieux général qui est général... mais qui est vieux.

Et ce ne sera vraiment pas de ma faute si au printemps prochain Maxence n'est pas maintenu en tête du tableau d'avancement.

LA COMMANDANTE

L'autre soir, je venais de rapporter chez l'éditeur les épreuves corrigées d'un livre; j'allais sortir de ce petit impasse qui donne sur la rue Auber, et qui conduisait jadis dans les coulisses de M. Porel, — alors que le Grand-Théâtre n'était pas encore fermé, — lorsque je rencontrai mon vieux camarade le capitaine Lavernois, très amateur de jolies femmes, et grand coureur devant l'Éternel.

— Halte là! lui dis-je, on ne passe pas, ou plutôt on ne passe plus.

— Et pourquoi ça?

— Parce que Aimée Martial, Montcharmont, Suzanne Munte, toutes les belles qui jadis formaient cortège à la spirituelle Lysistrata de défunte mémoire, se sont envolées, et rien ne justifie plus ta présence dans ces lieux déserts.

— Pardon, me répondit-il en riant, tu oublies l'Armée du Salut.

— Si c'est dans l'intérêt de ton âme, c'est bien, je respecte toutes les convictions, et je n'aime pas plaisanter sur les choses religieuses; mais si c'est dans un but plus profane... ah! je te plains! mon Dieu que je te plains! Tu n'as donc pas regardé la salutiste qui est campée avec ses journaux devant la grille? Si tu trouves que c'est un spécimen engageant!

Et je lui montrai une grande fille maigre, avec un nez crochu apparaissant sous le chapeau de paille mi-rabattu, un jersey rouge qui plaquait sur une poitrine plate, désespérément plate, et des longs doigts qui tendaient en vain au passant une feuille sur laquelle flamboyait le titre : *En avant!* Pour moi, cette nature hybride, insexuelle, n'appartenant certainement pas à la race des mammifères, me semblait l'ange maudit empêchant de franchir le seuil, et se servant de sa laideur comme d'une épée flamboyante pour éloigner les passants.

Le capitaine haussa les épaules :

— Vous autres, Parisiens, vous êtes tous comme cet Anglais qui, débarquant à Calais, et rencontrant une rousse sur le port, écrivait gravement sur son carnet : « Toutes les Françaises sont rousses ». Eh bien, tu aurais tort de te figurer que toutes les adeptes de l'Armée du Salut sont comme cette mégère. Certes, je ne dis pas que la tenue soit gracieuse, et il fallait toute la grâce mutine de Duhamel-Hélyette pour triompher de semblables accoutrements, mais, abstraction faite du costume, je te jure qu'il y a des salutistes tout à fait ravissantes, et, pour ma part, j'ai connu à Orléans une certaine commandante Rivarenne...

— Une commandante ! Peste !

— Oui, commandante dans l'Armée du Salut ; dans la vraie armée, elle n'avait que le grade de caporale, étant femme légitime du caporal Rivarenne, réserviste dans ma compagnie ; or, le service dans l'Armée du Salut ne dispense pas de l'autre, et mon Rivarenne était venu à Orléans accomplir vingt-huit jours de stage qui ont dû précisément finir hier. Sa femme l'avait accompagné, et était ensuite repartie pour Paris après m'avoir recommandé le caporal et m'avoir supplié de le préserver des embûches du démon.

Ah, mon ami, en voilà une qui avait l'éloquence de la chair... comme Bossuet ! Et des yeux de velours frangés de longs cils, et des cheveux noir-bleu, avec de jolis mouvements sur les tempes, et des petites mèches qui se révoltaient sous le chapeau de paille et une poitrine insolente, en parade, moulée sous le corsage écarlate. Je lui promis tout ce qu'elle voulut, et pendant ce mois de stage, je ne sais si j'ai bien préservé mon réserviste des embûches tendues par Satan, mais... je me suis efforcé de faire la vie aussi douce que possible à ce caporal, mari d'une aussi jolie femme. Et comme je sais par Rivarenne que sa femme doit prêcher ce soir, j'ai profité de mon séjour à Paris et n'ai pas voulu manquer la bonne aubaine ; voilà pourquoi tu me rencontres sur le chemin de Damas, rue Auber. Viens-tu avec moi ? Si tu ne purifies pas ton âme, tu pourras du moins te *rincer l'œil*, ainsi que disent mes fantassins.

— Ma foi, j'accepte, dis-je à Lavernois, et je suis très curieux d'admirer, moi aussi, ta belle commandante.

Nous descendons l'impasse ; aussitôt après la maison de l'éditeur, nous voyons une grande pancarte rouge se balançant au bout d'une tringle en fer comme les enseignes des anciennes hôtelleries, et sur cette pancarte : *Armée du Salut*. C'était là. A la porte, un immense gaillard, ayant un faux air de rifleman anglais. Tunique écarlate devenue violette sous l'action des pluies, pantalon noir, casquette à galon rouge, et sur le bras trois chevrons d'or. Le bedeau ou le suisse peut-être ? En tout cas, il me semblait doué d'une poigne qui, le cas échéant, devait singulièrement lui faciliter l'expulsion des loustics.

Nous entrons dans une vaste salle très éclairée, ressemblant un peu à une grange qu'on aurait décorée avec des écussons, et des versets tirés de l'Évangile : *Aimez-vous les uns les autres. — Telle est la loi et les prophètes. — Sus au démon ! — Jésus-Christ est ma vie et mourir m'est un bien. — En avant !* etc., etc. Dans le fond, une estrade, et, sur cette estrade, autour de la maréchale, toutes les dignitaires en rouge et galonnées d'or. Sans chapeau, le costume était déjà beaucoup moins laid. Nous nous glissons sans bruit au milieu des fidèles, mélange étonnant de gens appartenant aux classes les plus diverses, fanatiques, névrosées, pauvres venus pour se chauffer, curieux venus pour s'instruire, et fumistes venus pour plaisanter; d'ailleurs, tout ce monde avait, en apparence du moins, l'attitude la plus recueillie. Sans doute ne tenait-on pas à tomber sous le bras séculier représenté par le gigantesque rifleman entrevu à la porte.

A peine étions-nous assis qu'une musique effroyable éclate, avec des solos de trombone, de trompettes et de grosse caisse. Figurez-vous : *Tama ra boum di hé*, arrangé pour cantique. Il y avait des moments où c'était de la musique de la foire, et à d'autres moments du Wagner. Je n'étais pas encore acclimaté par le *Lohengrin*, ni entraîné par la *Valkyrie*. Aussi, ahuri par ce vacarme, me sentant devenir fou, je songeais déjà à m'en aller, lorsque tout à coup le capitaine me poussa le coude, en me chuchotant à l'oreille :

— Attention, la voilà !

Et très ému il me montra la commandante qui venait de monter en chaire. Lavernois n'avait pas exagéré, madame Rivarenne était exquise, et ses yeux, ses admirables yeux, profonds à s'y noyer, étaient bien plus faits pour damner un saint que pour convertir un pécheur. Tout à coup, la satanée musique se tut et la belle salutiste prit la parole avec une voix chaude, veloutée, harmonieuse, qui vous remuait jusqu'aux moelles :

— Mes frères, mes sœurs, dit-elle, nous avons coutume dans l'Armée du Salut, d'être très expansifs, et de mettre en commun nos peines et nos joies. Permettez-moi donc de m'épancher ce soir avec allégresse dans vos cœurs et de vous dire : Réjouissez-vous.

» Après un long mois de séparation péniblement supportée, de privations offertes au

Seigneur, pour la patrie, le frère Rivarenne a terminé ses vingt-huit jours de stage qu'il a accomplis avec zèle, se souvenant de la belle parole de Jésus : *Pax hominibus bonæ voluntatis*. Paix aux hommes de bonne volonté. Donc partagez ma félicité. Le bélier rentre au bercail ; le régiment me rend un réserviste, le ciel me rend un époux et je vais de nouveau goûter aux joies permises du mariage.

» Alleluia ! poursuivit-elle d'une voix exaltée, et avec un œil perdu dans un lointain mystérieux comme si elle apercevait déjà une terre promise, un paradis voluptueux; ce soir, en sortant d'ici, je serai dans les bras de mon époux ; mais demain, je retournerai dans les bras du seigneur.

Ce tableau folâtre évoqué par cette jolie commandante avait mis toutes les têtes à l'envers. Je ne sais quel enivrement étrange avait rempli la salle, l'encens du désir flottait partout dans le temple, si bien que, soudain, mon ami le capitaine Lavernois, ne sachant plus du tout ce qu'il disait, se leva, et d'une voix que l'émotion faisait trembler, cria :

— Et après demain ?... dites donc, madame, après-demain, serez-vous libre ?

APRÈS LA CAMPAGNE

Edgard La Briolle, lieutenant d'infanterie de marine, après s'être conduit vaillamment au Dahomey, était venu jouir à Paris d'un repos bien gagné. Non pas que sa santé eût été altérée le moins du monde. Alors que les camarades étaient tous malades dans cette région malsaine qui s'étend au sud de Lama et qu'on appelle la lagune Djibe, lui parcourait les brousses, la cigarette aux lèvres, gai, joyeux, insouciant, conservant son bel appétit de Saint-Cyr, et faisant honneur aux provisions qui arrivaient par Agony et Kotofa.

C'était, d'ailleurs, un superbe gaillard que La Briolle ; tout près de six pieds, la moustache noire, les cheveux drus, le torse bombant comme un coffre sous la vareuse coloniale, un teint chaud, bistré, presque orange, insensible aux coups de soleil, des jambes nerveuses de chasseur entraîné, tel était notre jeune héros, très beau, d'une beauté martiale qui lui conquérait tous les cœurs. Souvent, il avait poussé des pointes aventureuses jusqu'à Whidah, et les camarades prétendaient que La Briolle avait eu une foule de bonnes fortunes avec les amazones de Behanzin. Le lieutenant laissait dire en riant, mais si l'on peut admettre à la rigueur une liaison au Japon avec une *Madame Chrysanthème* appartenant à la race jaune, il est plus difficile de croire à une étreinte possible avec ces moricaudes guerrières, *Nigra sum sed pulchra sum* m'a toujours paru un des versets les plus invraisemblables de l'Écriture.

La Briolle était d'ailleurs un garçon rangé et, dès son retour à Paris, il avait songé à faire une fin. La vie de garnison n'est pas drôle lorsqu'on n'a pas un foyer familial pour aller se retremper, lorsque, le service fini, il faut se contenter des interminables parties de cartes ou de jaquet, au café de messieurs les officiers. Très bien accueilli chez le général d'Authoire, il n'avait pas tardé à se sentir envahi par un sentiment très doux à l'égard de mademoiselle Églantine d'Authoire, et celle-ci, de son côté, avait paru voir avec un vif plaisir les assiduités du lieutenant.

Il était si bien dans son uniforme sombre, son dolman à soutaches sur lequel le ruban de la Légion d'honneur piquait une note rouge, à la place du cœur, couleur du sang versé dans une des premières reconnaissances sur Allada. Aussi, lorsque après avoir endossé la grande tenue et s'être ganté de blanc, notre Edgard, le cœur bien plus ému qu'à la prise d'Abomey, fut venu demander la main d'Églantine, il reçut du général et de madame d'Authoire, une réponse des plus affirmatives.

— Ce qui me ravit de notre gendre, disait la générale, c'est qu'il n'a pour ainsi dire aucun passé. Élevé chez les bons Pères, sorti de Saint-Cyr, il y a dix-huit mois, parti immédiatement en campagne, il apporte à ma fille un cœur absolument neuf, et n'est pas comme ces Don Juans de caserne qui ont laissé de leurs illusions dans toutes les chambres meublées des petites villes de province.

Et la cour commença, une cour adorable ayant comme cadre le décor féerique de Paris en fête, avec un printemps merveilleux. On eût dit que la nature elle-même voulait se mettre à l'unisson, et que les arbres verdissaient cette année-là plus tôt que de coutume, comme pour dresser partout un arc triomphal à ces jeunes amours.

Chaque matin, le lieutenant envoyait, par son ordonnance, un bouquet de roses-thé et de lilas blanc; à deux heures il venait chercher sa fiancée; et tandis que le général et madame d'Authoire restaient à l'arrière-garde, les deux jeunes gens marchaient en avant sous l'œil attendri des vieux parents. Et le soir La Briolle dînait régulièrement en famille, son couvert placé tout près de celui de la jeune fille.

Le difficile était de trouver chaque jour un but de promenade varié ; aussi hier matin le général arriva radieux chez son gendre :

— Mon cher Edgard, j'ai trouvé pour tantôt une excursion des plus intéressantes. J'ai lu dans les journaux que le roi Toffa se souvenant de l'enthousiasme témoigné jadis par les Parisiens au roi Dina-Salifou, venait d'autoriser Loüany roi de Lagos, le prince Kosako et quelques princes dahoméens, à venir s'exhiber au Champ-de-Mars, avec cent vingt sujets des deux sexes, chefs guerriers, musiciens, féticheurs, sous la conduite de M. Théodore Bruneau.

— Tiens! tiens! mais cela m'amusera beaucoup, de revoir ici nos farouches ennemis, et je vous donnerai un tas de détails. Vous verrez, mon général, vous verrez!

— C'est entendu. Eh bien! venez nous prendre à deux heures avec ma femme et ma fille, et nous nous rendrons tous les quatre au pavillon des Arts libéraux, où l'on a installé, paraît-il, un véritable village dahoméen.

Le lieutenant fut exact au rendez-vous, et, grâce à son uniforme colonial, il fut immédiatement introduit dans l'enceinte réservée aux cartes blanches et établie juste en face l'estrade royale. Il y avait là, environné de gardes accroupis sur les talons, le roi Loũany, revêtu d'une tunique vert d'eau, couvert de bijoux et de verroteries, et la tête coiffée d'un superbe chapeau haut de forme en soie noire qui jurait étrangement avec le costume exotique.

A droite et à gauche avaient été édifiées quelques cahutes de paille au milieu de palmiers et de sapins rabougris, avec des feux devant lesquels quelques nègres, vêtus de pagnes éclatants, étaient assis.

A un signal donné, on vit descendre de l'extrémité nord du pavillon, d'abord une dizaine de Dahoméens marchant à la queue-leu-leu, et soufflant dans des trompes dont ils tiraient des sons discordants, un peu comme les cornes à bouquin dans lesquelles s'époumonnent les gamins au Mardi-Gras ; puis, une troupe de petits garçons en chapeau de paille, pieds nus, avec une blouse rayée blanc et bleu ; puis des guerriers brandissant des haches, tandis que d'autres remuaient un espèce d'instrument en bois produisant un bruit de crécelle ; puis, un grand gaillard noir d'ébène, le torse nu, portant sur son dos une longue calebasse, fermée par une peau d'âne, sur laquelle un autre camarade exécutait des pas redoublés avec deux baguettes.

Tous ces gens-là avançaient à petits pas jusqu'à l'estrade royale. Arrivés là, avec un fracas qui allait toujours en augmentant, ils agitèrent leur hache en poussant des acclamations prolongées coupées de cris féroces ; ils se prosternèrent la tête dans la poussière, recouvrant de sable, sans doute en guise d'humilité, leurs membres ruisselants de sueur, tandis que debout se tenaient deux féticheurs, étranges, mystérieux, disparaissant complètement sous une espèce de rotonde agrémentée de morceaux de soie multicolores, de petits miroirs encadrés d'or et de coquillages ; le tout les recouvrant comme d'une espèce de guérite.

Et, appuyé sur la balustrade, campé au premier rang, le lieutenant La Briolle donnait des explications au général d'Authoire et à sa fille;

— Il y a, disait-il, parmi ces gens plus de *mouleks*, c'est-à-dire de serviteurs à gages que de vrais guerriers. Cependant, il y a certainement plusieurs personnages de marque, et quant à ce Loüany, en dépit de son chapeau haut de forme, je le reconnais parfaitement ; il règne sur une région de la côte ; les Anglais l'ayant voulu soumettre à un traité annuel, il est venu se mettre sous la protection de notre drapeau. Un de ses fils même est mort à notre service. Envoyé par le colonel Doods à Whidah, pour engager les Français à ne pas quitter la ville il fut pris par les partisans de Behanzin qui lui coupèrent le cou.

— Et les amazones ? demanda Églantine avec intérêt. Y a-t-il des amazones ?

— Je n'en ai pas encore aperçu, répondit Edgard, mais attendons, le cortège n'est pas fini.

Et en effet, tandis que les hommes continuaient leurs danses de guerre, on vit arriver lentement, par le fond, d'humbles créatures coiffées de gigantesques bonnets de police en laine rouge, et vêtues de pièces d'étoffe très voyante enroulées autour des reins, laissant le haut du corps complètement nu. Il eût d'ailleurs été assez difficile de définir leur sexe sans l'exhibition de ces affreuses mamelles flétries, longues et pendantes comme des outres dégonflées. Quelques-unes d'entre elles portaient un enfant dans les bras.

— Pas belles, les Amazones, observa le général avec une moue significative.

— Dame, elles n'ont pas la grâce des écuyères célébrées par le baron de Vaux dans son intéressant volume, mais c'est la beauté du pays, répondit philosophiquement La Briolle.

Cependant, les femmes étaient arrivées devant l'estrade royale. Tout à coup une d'entre elles ayant regardé du côté du public poussa un cri rauque et s'avança vers la barrière en donnant les marques d'une joie immense. Avant que le lieutenant fût revenu de sa stupeur, elle se jeta à son cou en le couvrant de baisers fous, puis elle lui mit dans les bras un affreux poupard café au lait un peu moins foncé que les autres, en hurlant :

— Edgard-Papa ! Papa !

Et tandis que madame d'Authoire pleurait, et qu'Églantine s'évanouissait, le général sacrait comme Nonancourt dans le *Chapeau de paille d'Italie :*

— Mon gendre, tout est rompu !

NOUVEAU MODÈLE

J'assistai dans la tribune, à la Revue de Longchamp, et le hasard m'avait fait le voisin du brave général belge Van-Lytten, un aimable homme dont j'avais jadis fait la connaissance pendant un séjour à Ostende. Il était là très sérieux, avec sa lorgnette, le ventre en avant, bien campé sur ses petites jambes un peu arquées, et regardait défiler avec l'attention la plus scrupuleuse, la division mixte commandée par le général Ladvocat.

Déjà, il avait applaudi comme il convient

l'École polytechnique, l'École de Saint-Cyr, premier bataillon de France, les deux régiments du génie, mais, lorsque arrivèrent nos *petits vitriers*, représentés vaillamment par le 20e bataillon de chasseurs, il dit avec le bon accent des Flandres :

— Ça, monsieur, savez-vous, ça va être intéressant.

— Vous aimez nos petits chasseurs, général?

— Voueille! Voueille (ça veut dire *oui* en belge), chez nous, monsieur, ils ont le chapeau de soie, un peu comme votre gibus, avec des belles plumes de coq, la fourragère jaune et puis notre équipement est bien mieux compris.

— Vous m'étonnez, fis-je, piqué dans ma vanité nationale. Et qu'a-t-il donc de mieux compris votre équipement? Je serais curieux de le savoir.

— Mais, cher monsieur, pour une fois, ne vous fâchez donc pas! Vous allez vous donner chaud, et ça, c'est toujours mauvais pour profiter d'une bonne revue. Notre équipement est meilleur que le vôtre depuis l'amélioration du général Ponthus. Tenez, je suis sûr que vos petits chasseurs portent un pantalon avec des bretelles?

— Certainement, c'est la seule façon d'avoir des soldats bien tenus, j'ajoute même que lorsque, soulevant le pan de la tunique, l'officier de peloton s'aperçoit que l'homme a oublié cette partie de l'équipement, il lui colle une punition.

— Il lui colle?... Il le punit? Bon. Et le pantalon est fermé devant par une braguette et serré derrière par une boucle?

— Évidemment... comme tous les pantalons, comme le mien, comme le vôtre.

— Mon bon monsieur, vous n'avez pas, que je sache, sur votre pantalon, un ceinturon fermé par une plaque, et ajusté au havresac par une autre paire de bretelles en cuir, sans compter une foule d'autres courroies que j'aperçois s'enchevêtrant sur la poitrine de vos soldats pour soutenir la cartouchière, pour ajuster le quart, etc.

— Où voulez-vous en venir, général ?

— A ceci, c'est que si vous ajoutez à ce ficelage, peut-être nécessaire, le port d'un fusil, vos hommes se trouvent fort empêtrés lorsque, pendant la marche, ils se trouvent tout à coup obligés de... sacrifier aux lois de la nature, vous m'entendez bien, mon cher monsieur, voueille, voueille, vous m'entendez bien.

Et le général Van Lytten riait très fort, d'un gros rire qui faisait tressauter ses breloques sur son vaste gilet blanc, et il clignait de l'œil en me regardant d'un air excessivement fin. Puis, il ajouta :

— Enfin, supposez qu'un de vos petits chasseurs soit pris par un de ces cas... pressants. Dites-moi, pour une fois, ce qu'il ferait? Ça, monsieur, c'est intéressant.

— Mais, général... vous me prenez un peu au dépourvu... Je n'avais pas creusé la question. Évidemment, la situation du pauvre garçon ne serait pas commode. Je suppose qu'il disparaîtrait derrière un de ces petits bouquets d'arbres, là-bas, entre la Seine et le champ de courses...

— Ah! ah! s'écria mon Belge triomphant, vous avouez que la situation ne serait pas commode. Voulez-vous m'expliquer comment il se déharnacherait, derrière votre bouquet d'arbres, comment il pourrait défaire toutes ces courroies, toutes ces bretelles; ça prendrait un temps précieux, et un malheur est bien vite arrivé, savez-vous?

— Mon Dieu... il pourrait emmener un camarade qui tiendrait son fusil, qui l'aiderait. Dans la cavalerie également, quand un homme est obligé de mettre pied à terre, il lui faut bien un autre cavalier pour tenir son cheval pendant ce temps-là.

— Alors, parce que vous avez un homme indisposé, vous privez le rang de deux combattants? Vous avez deux malades au lieu d'un.

— C'est très vrai, fis-je en baissant la tête; mais... nécessité n'a point de loi. Comme l'a dit notre grand Malherbe :

Le pauvre en sa cabane où le chaume le couvre
Est sujet à des lois
Et la garde qui veille aux barrières du Louvre
N'en défend pas nos rois.

— Voueille, voueille, le roi Liopôld au château de Lacken comme les autres, mon bon monsieur, — ça je sais, — mais au moins, on peut améliorer le sort de la garde qui veille aux barrières. Et c'est ce qu'a fait notre général Ponthus, un brave homme, monsieur, qui, au lieu de faire la fête, au café Riche, et chez le pâtissier Mathys, rue Montagne-de-la-Cour, ne pense qu'à améliorer le sort du troupier belge. Rire, c'est rire, mais travailler, c'est travailler. Il a donc consacré, savez-vous, des journées et encore des journées à causer avec tous les tailleurs de la Verte-Allée. Ça n'est jamais amusant de causer avec les tailleurs, mais les tailleurs belges sont particulièrement ennuyeux et lourds. Le général Ponthus ne s'est donc pas amusé, mais il a profité quand même, et il a trouvé un nouveau modèle de culotte qui, à lui seul, doit assurer la reconnaissance de la patrie. Et le tailleur a obtenu une grosse médaille de bronze, grand module, que le roi a remise lui-même, et comme Liopôld craignait qu'elle ne fût un peu lourde à emporter, le tailleur a dit au roi, en s'innant :

— Ce que donne Votre Majesté n'est jamais lourd.

— C'est très drôle; mais parlez-moi du pantalon.

— Eh bien, il n'y a plus ni boucle, ni braguette, un simple pont par devant, un autre pont par derrière, vous me suivez bien pour une fois?...

— Parbleu. Il ne s'agit pas du pont d'Arcole.

— Enfin, c'est une culotte à deux ponts réunis par une simple ficelle placée au-dessous du ceinturon. Notre soldat belge est en marche. Un coup de canon retentit au loin, ou toute autre cause, n'est-ce pas? Bon, voilà notre homme malade. Que fait-il? Sans se déharnacher, monsieur, conservant sur la poitrine toutes ses bretelles, et son havresac, et même son fusil qu'un bon fantassin ne doit jamais lâcher, il tire la ficelle, les deux pans s'abattent, devant et derrière, et le troupier n'a plus qu'à prendre une posture convenable dans le petit bois. Après, il retire la ficelle dans l'autre sens; les deux pans se relèvent et le tour est joué. Voueille! Qu'est-ce que vous dites de cela? Ça, c'est la culotte-Ponthus.

— Moi, je l'aurais appelée double-Ponthus.

— Jamais sérieux, vous autres Français. Rire c'est rire, mais les besoins du soldat, ce n'est plus rire. N'empêche, monsieur, que la nouvelle culotte a été inaugurée l'an dernier, pour la fête du roi, dans la grande revue qui a été donnée au Parc. Il y avait là les deux régiments des guides, les lanciers, les chasseurs, les grenadiers, sans compter la garde civique. C'était superbe. On avait choisi exprès les grenadiers, parce qu'on pensait qu'avec le bonnet à poil ils seraient encore plus gênés que les autres, et que l'expérience serait plus concluante. Le major, par ordre du ministre de la guerre, avait donné du julep aux cuisiniers pour fourrer dans le café du matin, si bien qu'en arrivant dans le Parc les pauvres guerriers commencent à donner des signes évidents d'indisposition. On en référa en haut lieu.

— Je sais, je sais, dit le général Ponthus; eh bien, dispersez les malades dans le bois, derrière les arbres, et qu'ils reprennent ensuite leur place pour le défilé devant Sa Majesté.

Ce qui fut dit fut fait, monsieur, chez nous la consigne est très stricte, savez-vous, et les grenadiers revinrent ensuite dans le rang, mais ils n'en tiraient pas large, le défilé devant le roi fut lamentable. On eut un troupeau de canards.

— Godfertum ! voulez-vous m'expliquer, grenadier, ce que vous avez ! s'écria le général Ponthus en s'adressant au plus ancien de la première compagnie.

— Ce que nous avons, mon général? Parbleu, c'est bien simple! On nous a donné des culottes nouveau modèle... mais on nous a laissé les caleçons de l'ancien.

Et comme je pouffais, le général Van Lytten conclut : *Voueille! Voueille!* mon bon monsieur, rire, c'est rire; Liopôld aussi a ri, mais ça n'empêche pas que c'est une fameuse culotte, pour une fois, que la culotte Ponthus.

LE MAJOR ET LA PRINCESSE

Sur la grande route poussiéreuse qui s'étend de Gerolstein à Mondorf trottaient gaillardement deux beaux escadrons des hussards de la Princesse. L'air était tiède et parfumé, les petits oiseaux chantaient dans les branches, et le soleil piquait des étincelles d'or sur les ornements du poitrail, sur les boutons de métal et sur les courroies des gibernes, passées en sautoir sur le dolman vert de mer à soutaches blanches. En tête les trompettes filaient, avec leur instrument orné des armes royales sur soie écarlate. Et tout cela s'en allait sous le ciel bleu dans un chatoiement de panaches, de plumets, d'étoffes claires, avec un joyeux cliquetis de fourreaux de sabre entrechoqués contre les éperons des bottes à gland. C'était en même temps martial, élégant et chaud de couleur comme un tableau de John-Lewis Browne.

Puis, le poing sur la hanche, marchait le major Rodolphe Goldstein, le talpack crânement incliné sur l'oreille, avec la flamme au vent. Trente-cinq ans, taillé en Hercule Farnèse, c'était, sans contredit, le plus beau soldat de la cour, et tout lui souriait : la fortune, la nature et les femmes. Il ne faut donc pas s'étonner si, au retour de ce service d'exploration, qui avait admirablement marché, le major caressait sa moustache longue et soyeuse avec une satisfaction profonde. Le général Boum, qui n'est pas commode tous les jours, lui avait dit à la fin de la manœuvre :

— Major Goldstein, votre pointe d'avant-garde et vos flanqueurs ont très bien opéré, et le corps d'armée a été, grâce à vous, tenu en communication constante avec les mouvements de l'ennemi. Je suis fort satisfait, et je ferai part de ma satisfaction à Sa Majesté le roi.

Précisément, l'inspection générale approchait, et, sans doute, pour la Saint-Conrad, la fête du souverain, le major serait nommé colonel. Ah ! certes, la vie est une belle invention quand on se sent un bel uniforme sur le torse, un bon sabre au côté, un vigoureux cheval d'armes entre les jambes et qu'on galope ainsi, allègrement, le long des routes, jeune, bien portant, suivi de ses escadrons, au bruit des fanfares. Jamais Rodolphe ne s'était senti si heureux, avec le cœur tout épanoui d'un bien-être indéfinissable.

A hauteur du petit village de Dresden, les hussards croisèrent quatre bicyclistes : deux hommes et deux femmes. Les femmes, une eune et une vieille, marchaient en tête, tandis que leurs compagnons pédalaient à distance de quelques mètres. Les hommes étaient quelconques : mais les femmes, comme il arrive après une longue course, étaient absolument ridicules. Couvertes de poussière, rouges, ruisselantes de sueur, les cheveux épars sous le petit chapeau canotier enveloppé du voile de gaze, la croupe, calipyge, se profilant sur l'étroite sellette, elles allaient, la poitrine rentrée, courbées péniblement sur leur machine, ayant perdu toute la grâce et toute l'élégance de leur sexe.

Le major Goldstein accorda à peine un regard distrait à ces êtres hybrides, lui inspirant en sa double qualité de cavalier et d'artiste, une dédaigneuse pitié, et, tout en continuant sa route, il philosophait sur l'erreur profonde à laquelle cédaient toutes les adeptes de ce sport nouveau, lorsque tout-à coup, il vit la plus jeune des deux dames revenir à toute vitesse en sens contraire, suivie de la grosse plus essoufflée que jamais. Elle manœuvra de manière à se trouver placée entre les trompettes et le major, puis, mettant pied à terre, elle se campa résolument devant l'officier en criant d'une voix aiguë, avec un geste d'autorité :

— Halte! major. Halte!

Très surpris, Goldstein leva rapidement la main en l'air pour indiquer, si possible, à ses hussards l'obstacle imprévu qui se dressait devant lui. Puis, se raidissant en arrière, le jarret tendu sur ses étriers, il parvint à arrêter brusquement son cheval, à quelques centimètres de la poitrine de la bicycliste, qui attendait les sourcils froncés. Il y eut un à-coup formidable dans la colonne : des hommes se heurtèrent, des chevaux se cabrèrent dans une bousculade inénarrable. Enfin, le major, se maîtrisant et poli quand même, parvint à dire :

— Pardon, madame... pourquoi arrêtez-vous ainsi ma troupe?

— Pourquoi? rugit la petite femme en se dressant sur ses ergots. Ah! vous me demandez pourquoi? Parce que, monsieur, au lieu de trotter impertinemment sur la route pour me couvrir de poussière, moi et ma suite, vos cavaliers devraient être rangés immobiles sur un rang et me présenter le sabre. Voilà!

— Vous présenter le sabre?

— Certainement. Vous avez devant vous la princesse royale, la princesse Frida, qui se rend au château de Dresden, et je suis indignée qu'un commandant de hussards de la Princesse, la rencontrant sur la route, passe sans lui faire rendre les honneurs réglementaires.

— Si j'avais pu reconnaître Votre Altesse Royale!... s'écria le pauvre major consterné en faisant son plus humble salut militaire.

Et, immédiatement, il fit mine de mettre le sabre à la main, en commandant:

— A droite, alignement!

Mais il en fut empêché par la princesse, qui était remontée vivement à califourchon sur sa bicyclette, en disant :

— C'est bon, major, c'est bon! Vous entendrez parler de moi.

Et elle disparut avec ses compagnons dans la direction du château, laissant Goldstein un peu interloqué.

— Au diable! dit-il enfin. Adviendra que pourra! Est-ce que je pouvais prévoir après tout? C'est absurde... mais c'est bien ennuyeux tout de même!...

Et il continua de très mauvaise humeur, la route qu'il parcourait si joyeux quelques minutes auparavant. Ah! le grain de sable qui vous fait trébucher en plein triomphe! On rentrait avec la satisfaction du devoir accompli, rêvant d'être bien noté, de passer colonel, et puis, patatras! une simple bicycliste rencontrée sur la route suffit pour renverser toutes vos ambitions et toutes vos espérances!...

Arrivé à Gerolstein, Rodolphe rentra dans son petit hôtel de la Steinstrasse et attendit les événements en fumant une demi-douzaine de cigarettes. Ils ne se firent pas attendre, les événements. A deux heures, l'adjudant arrivait au grand trot, disant que le général Boum demandait le major Goldstein immédiatement pour affaire grave.

— Allons, se dit Rodolphe avec philosophie. Ça y est. Allons recevoir la tuile sur la tête.

Et, ceignant son sabre, mettant ses gants, toujours correct et irréprochable, notre officier se rendit à la commandanture, où le général Boum était campé, les jambes écartées devant la cheminée et tenant à la main une lettre d'aspect officiel.

— Major, lui dit-il, j'ai le regret de vous annoncer qu'à la suite de la plainte qui m'a été adressée contre vous par Son Altesse Royale la princesse Frida, j'ai été obligé de vous infliger huit jours d'arrêts simples...

Rodolphe s'inclina sans répondre, les talons réunis la main dans le rang. Oh! la discipline!

— Mais, continua le général Boum, j'ai cru de mon devoir de transmettre en même temps au roi Conrad un rapport expliquant que vous n'aviez fait aucune attention aux bicyclistes rencontrées sur la route, ne croyant pas qu'une princesse du sang pût s'adonner à un sport aussi peu... royal.

— Et qu'a répondu Sa Majesté? Elle a sans doute doublé la punition.

— Le roi a immédiatement levé les arrêts, s'écria le général Boum triomphant. Il vous maintient sur le tableau d'avancement et il a fait interdire à la princesse Frida l'usage pendant deux mois de la livrée rouge de la cour, ce qui équivaut à deux mois d'arrêt.

— Vive le roi! cria le major Rodolphe.

— Et à bas la bicyclette! confirma le général Boum en riant d'un air goguenard.

J'espère, mon cher camarade, avoir bientôt à vous annoncer votre nomination de colonel.

... Et nous avons conté avec plaisir cette petite histoire, absolument authentique qui nous arrive par-dessus la frontière, en envoyant du fond du cœur nos félicitations attendries au souverain, homme de goût qui en cette fin de siècle si relâchée, défend non seulement les droits de la justice, non seulement le prestige de la couronne, mais la grâce féminine contre les aberrations de quelques androgynes en délire.

L'INSTITUTRICE

Bébé grandissait, Robert allait avoir sept ans, et le commandant d'Esperval, veuf dès la seconde année de son mariage, et très pris par son service, avait songé que l'heure qu'il pouvait consacrer chaque jour à l'éducation de son enfant n'était plus suffisante.

Il fallait maintenant qu'une institutrice vînt compléter ces commencements d'éducation par trop rudimentaire et cultiver cette jeune intelligence jusqu'à l'époque où Robert serait assez robuste pour entrer en pension. D'Esperval s'était adressé à sa vieille tante, la marquise de Champerel, qui lui avait répondu :

« Mon cher neveu,

» L'introduction d'une institutrice dans un intérieur est toujours chose délicate, surtout chez toi, qui te trouves, en somme, dans la situation d'un garçon. Je t'envoie deux personnes qui me sont très recommandées : mademoiselle Jeanne Ozy et mademoiselle Virginie Brochard. Une des deux est, paraît-il, assez âgée ; je ne sais plus laquelle, car j'ai un peu embrouillé les notes qu'on m'avait envoyées à ce sujet. Enfin, tu choisiras, et la Providence, j'en suis sûre, te dictera un heureux choix.

» Je t'embrasse.

» Ta tante affectionnée,

» BUSSAC-CHAMPEREL. »

Et le commandant, aussitôt revenu des manœuvres, s'était empressé, à tout hasard, d'écrire à l'une des deux adresses indiquées. Il venait de rentrer du rapport et se préparait à enlever sa tenue, lorsque son ordonnance l'avertit, avec un sourire plein de mystère, qu'une demoiselle Jeanne Ozy demandait à lui parler.

— Bon, pensa le commandant, c'est l'institutrice, la jeune ou la vieille, je ne sais pas, mais, à coup sûr, quelque laideron avec une robe élimée, des gants noirs déteints et un binocle sur le nez. Je vois cela d'ici.

Il repassa en hâte sa tunique et entra au salon. Une jeune fille d'environ vingt-quatre ans était assise sur une chaise. Très simple mais, en même temps, très correctement mise, avec son costume de cheviotte bleu, sa capote garnie de jais campée sur des cheveux qui formaient au-dessus de la tête comme un petit casque d'or. Elle était pâle, avec l'air très doux, la physionomie comme illuminée par deux yeux merveilleux, immenses, vert-de-mer, avec des cils qui semblaient palpiter sur les joues lorsqu'elle abaissait les paupières.

— Sapristi ! la jolie femme ! pensa d'Esperval tandis que la jeune fille se levait en rougissant, un peu surprise par la subite irruption de ce grand dragon botté et éperonné.

— Mademoiselle Jeanne Ozy, sans doute, envoyée par la marquise de Champerel ?

— Oui, monsieur.

— Asseyez-vous donc, et causons. Ma tante m'a dit de vous le plus grand bien. Vous vous êtes déjà occupée d'éducation ?

— J'ai tous mes brevets de l'Hôtel de Ville.

— C'est plus qu'il n'en faut pour un petit garçon encore aussi jeune que Robert. Il sait déjà lire, écrire passablement et connait ses chiffres. C'est tout ce que j'ai pu lui apprendre moi-même : je suis si occupé au quartier ! Mais c'est un enfant très doux, très obéissant, et cela vous facilitera toujours les débuts. Quelles heures pourriez-vous nous consacrer?

— Oh! monsieur, les heures que vous voudrez. Choisissez ce qui vous sera le plus commode.

— Comment? vous ne donnez donc pas d'autres leçons?

— Si, monsieur, c'est-à-dire non... répondit la jeune fille avec une nuance d'embarras. J'avais trois autres élèves, mais on vient de les mettre en pension... ce qui fait que, pour le moment, je suis un peu ennuyée. Ma mère est âgée, habituée à un certain bien-être, que je voudrais bien ne pas diminuer... Elle n'a que moi. Bref, je ne serais pas bien exigeante...

— Mademoiselle, fit d'Esperval avec élan, pour la question d'argent, nous nous entendrons toujours.

Il avait lancé cette phrase à pleine voix, étonné lui-même de la chaleur qu'il y avait mise. C'était comme une offre inconsciente de service, d'affection, de dévouement. Pour échapper à cette attraction qu'il sentait d'une manière confuse surgir en son âme, il dit brusquement :

— Il faut que vous voyiez Robert et que vous fassiez connaissance avec votre élève.

Il sonna, et l'enfant, amené par sa bonne, fit son entrée : un vrai Velasquez, avec ses longs cheveux bouclés, tombant sur une veste de velours noir ornée d'une collerette Louis XIII en vieille dentelle écrue. Dès la porte, le petit Robert s'arrêta, comme fasciné, souriant, émerveillé de ce qu'il voyait, puis, frappant ses deux mains l'une contre l'autre, il s'écria :

— Oh ! papa, papa, comme la demoiselle a de jolis yeux ! As-tu vu comme elle a de jolis yeux verts ?

Et, spontanément, il accourut vers elle, pour lui tendre ses lèvres, tandis que l'institutrice, pour dissimuler son trouble, plongeait son visage dans la blonde chevelure de l'enfant. Il y eut un silence, troublé seulement par le bruit des cahiers que Jeanne Ozy feuilletait pour constater le niveau de l'instruction déjà reçue... et aussi pour se donner une contenance.

Une gêne, en effet, s'était soudain élevée entre les deux interlocuteurs. Tandis que l'une regardait les jambages et les modèles d'écriture, l'autre avait tout à coup constaté, à sa grande terreur, que la jeune fille lui plaisait terriblement, beaucoup plus qu'il n'aurait fallu.

Bien qu'il n'eût pas encore atteint la quarantaine, le commandant avait depuis quatre ans transformé sa maison en cloître. Jamais aucune femme, sauf celles de sa famille, n'avait franchi son seuil ; jamais il n'avait reçu chez lui que ses camarades, voulant que l'enfant grandît dans un milieu impeccable. Et voilà que, tout à coup, les hasards de la vie l'obligeaient à introduire chez lui une femme jeune, séduisante, d'une attraction indiscutable. Évidemment, par le seul fait qu'elle serait chargée de l'éducation de Robert, elle lui serait sacrée ; mais saurait-il maîtriser, dompter les battements de ce pauvre cœur, mûri par les chagrins, mais encore si jeune, si ardent, faisant couler en ses veines un sang si chaud ? Que deviendrait-il dans ces rencontres de chaque jour, dans ces entretiens nécessaires pour constater les progrès réalisés, dans ce tête-à-tête si souvent renouvelé, assis côte à côte à la même table, réunis dans une tension de l'esprit vers un même but, dans un même intérêt pour un être aimé ? Est-ce que déjà son salon, si austère, avec le portrait de la pauvre morte au-dessus du canapé, ne se trouvait pas comme subitement illuminé par cette radieuse apparition, répandant autour d'elle comme une grisante odeur de jeunesse, comme un parfum d'amour ?

Le commandant entrevit le danger, et, comme, après avoir examiné attentivement les cahiers, l'institutrice relevait la tête, leurs regards se croisèrent, et d'Esperval aperçut dans ces grands yeux — ces yeux verts qui plaisaient tant à l'enfant! — comme un vaste abîme, comme un grand lac mystérieux dans lequel il allait sombrer, avec sa conscience, son honnêteté, ses devoirs...

— Mademoiselle, dit-il brusquement, pardonnez-moi si je vous fais de la peine et, de grâce, ne voyez dans ce que je vais vous expliquer rien de froissant, rien d'insultant... Je suis désespéré... Mais, enfin, je viens de réfléchir, et j'ai compris... qu'il est tout à fait impossible que vous entriez chez moi.

L'institutrice le fixa, effarée, ne comprenant pas ce revirement; mais d'Esperval poursuivit avec effort, d'une voix altérée:

— Écoutez-moi bien. S'il y avait ici une

femme, une mère, je vous dirais avec une véritable joie : « Venez, installez-vous à notre foyer, prenez mon fils. » Mais je suis veuf, j'habite ici tout seul, et je suis obligé à un rigorisme exagéré. Je suis persuadé que vous auriez parfaitement élevé Robert ; mais vous n'avez pas l'âge... l'aspect extérieur... qui convient, du moins pour chez moi.

La jeune fille s'était levée, plus pâle encore qu'à son entrée. Elle embrassa une dernière fois l'enfant, qui s'était cramponné à sa jupe et voulait à toute force la retenir de ses petites mains, puis, saluant gravement, elle se retira, sans un mot, sans un geste, sans une plainte. Cela lui était déjà arrivé si souvent !...

Seulement, quand elle fut dans l'escalier et que la porte se fut refermée sur elle avec un bruit sourd, elle se mit à pleurer...

— Et, maintenant, se dit le commandant d'Esperval, sur le front duquel perlaient de grosses gouttes de sueur, et, maintenant, écrivons à l'autre — à la vieille !

FIN

TABLE

IMP. CHAIX, RUE BERGÈRE, 20, PARIS. — 19760-10-95. — (Encre Lorilleux).

www.ingramcontent.com/pod-product-compliance
Lightning Source LLC
Chambersburg PA
CBHW071253160426
43196CB00009B/1270